問題社員の
リスクと
実務対応

－ 裁判例による法的検討と対応策 －

弁護士 **江畠 健彦** 著

労働調査会

はしがき

　人事労務分野において、「問題社員対応」というコンテンツは過去から現在まで、いわば定番のコンテンツであり、公開セミナーでも数多く取り上げられ、関連書籍も多く発刊されています。また筆者自身も使用者側の人事労務を専門とする弁護士として、公開セミナーや雑誌などで繰り返し「問題社員対応」について述べてきました。

　しかしながら、その「問題社員対応」について、具体的な問題行動を挙げて、当該問題の解決方法のみを解説するという形式のものが多いため、それでは汎用性に欠けるのではないかと思っております。そもそも「問題社員」の「問題」や「対応」の具体的な内容を理解した上で、具体的な問題行動へのアプローチを検討したほうがより望ましい選択ができるのではないかと考えております。

　そこで本書では、まず「問題社員対応」の「問題」とは何か、また「対応」とはどのようなものがあるかを解説した上で、具体的問題行為への対応方法を検討していきます。

　また、本書は学術書ではなく、実務家、特に筆者が普段から質問を受けている社会保険労務士の方々や、中小企業の人事労務担当者の日々の悩みに関して、筆者の経験からリスクを考えながら実務的な対応を解説している実務書ですので、解説の中では必要な限りで裁判例等を引用する程度に留めております。なお、参考になると思われる裁判例を第3章にまとめて紹介しております。

　その点につきご理解いただけると幸甚です。

　なお、入所以来、「人事労務」に関するすべてのことをご指導くださった我が師である石嵜信憲弁護士に、この場を借りまして深く感謝申し上げます。

江畠　健彦

目次

第1章　問題社員への対応と予防

第2章　具体的問題行動への対応

第3章　問題社員に関する裁判例

【本書における法令名の主な略称】

労基法……労働基準法

労組法……労働組合法

安衛法……労働安全衛生法

職安法……職業安定法

派遣法……労働者派遣事業の適正な運営の確保及び派遣労働者の保護等に関する法律

均等法……雇用の分野における男女の均等な機会及び待遇の確保等に関する法律

高年法……高年齢者等の雇用の安定等に関する法律

パート有期法……短時間労働者及び有期雇用労働者の雇用管理の改善等に関する法律

育休法……育児休業、介護休業等育児又は家族介護を行う労働者の福祉に関する法律

【本書における判例出典の略称】

判タ………判例タイムズ

民集………最高裁判所民事判例集

労経速……労働経済判例速報

労判………労働判例

第1章　問題社員への対応と予防

第1節　問題社員とは

1 問題社員＝債務不履行（約束違反）

　問題社員とは読んで字のごとく「問題」のある社員という意味です。ちなみに本書では「社員」は正規社員を前提に検討することとします。

　その理由としましては、まず第1に正規社員と非正規社員とでは雇用保障の程度が格段に異なるため、正規社員のほうが慎重な対応が必要となるからです。

　すなわち、正規社員は日本の長期雇用システムの下、解雇権濫用法理により解雇が「不自由」であり、その解雇には客観的合理性及び社会的相当性を備えているかにつき厳格に判断されます。

　他方、非正規社員は「雇用の調整弁」とされ、正規社員のような雇用保障は図られません。

　もちろん、非正規社員のうち、有期契約労働者にも雇止め法理（解雇権濫用法理類推適用）が適用される場合もありますが、有期契約は終期がくれば契約が終了するのが原則であり、同法理が適用されるのはあくまでも例外であり、またそれでも有期契約である以上、正社員に対する雇用保障と同レベルとまではいえません。

　第2に実務的に正規社員との労働契約解消問題のほうが、非正規社員とのそれよりも、訴訟等のトラブルに発展する可能性が極めて高いからです。

　すなわち、正規社員の意識としては、正規社員である以上、できる限り当該会社に長く勤めたいと考えていますし、また通常であれば長

く勤められるはずです。にもかかわらず、会社からある日突然、解雇されたような場合には、「じゃあ転職しよう」と考えることはごく稀であり、「そのような解雇は無効なので、引き続きこの会社で働きたい」と考えるのが普通です。

　また、日本の会社の賃金体系は、まだまだ年功給や職能給が中心であり、それは同じ会社に長く勤めることで賃金が上がるシステムであるため、よほど「手に職」のある労働者でない限り、転職すると、賃金の大幅な減額となることが多いのが実状です。

　このことからも、転職ではなく元の会社で働き続けたいと考えることになります。その結果、正規社員との間での労働契約解消問題は、訴訟等のトラブルに発展する可能性が高いといえます。

　労働者と使用者は労働契約を締結し、この労働契約に基づいて労働者は労務提供義務を負い、使用者は賃金支払義務を負うこととなります。労働者は労務提供義務という契約内容に従った使用者との約束どおりに働く（このことを本旨弁済（民法第493条）といいます）ことをしなければ債務不履行となります。この債務不履行を起こしている、すなわち使用者との約束違反を起こしている社員がまさに「問題」社員なのです。

② 問題社員（債務不履行）の類型

　では、具体的に社員が会社としている約束とは何かを考えてみましょう。

　社員個人と組織が成果を出すためには、まず社員が当然に一定の能力を備えていることを期待しており、この「能力」が約束の内容といえます。

　例えば、会社が経理部門での即戦力としての中途社員を募集する際に、「簿記2級以上」の資格を求め、これに応募し採用された社員が業

務に必要な簿記の知識を備えていることは、会社として当然に期待する能力ということになります。

　よって、当該「能力」が会社との約束の内容といえます。

　次に、勤労意欲を有し、周りの社員と協調して働くことができることが必要ですので、勤務態度がよいことも約束の内容といえます。

　例えば、始業時刻が午前9時の会社において、毎日のように寝坊で遅刻し9時過ぎに出社する社員は、始業時刻から仕事を開始するという約束（債務）を守っていないことになります。

　さらに、会社は社員が決められた労働日や労働時間につき健康で働くことを期待し、またそれも約束の内容といえます。

　例えば、社員が家族と旅行中に大ケガをして、長期間仕事に復帰できないとき、「労働日週5日」「1日8時間労働」の通りに働くという約束を果たしているとはいえません。

　加えて社員の私生活が安定していないと会社で成果が出ませんので、その意味では私生活の安定も約束の内容といえるのではないでしょうか。

　確かに、現在はいわゆる「働き方改革」の下、兼業・副業を奨励する風潮にあり、会社が始業終業時刻外や施設外の社員の私生活上のことを問題視することは原則としてできませんが、副業に熱心になるあまり、過重労働で本業の会社の業務に支障をきたしているようなときには、これも「約束」を果たしていない状態となったといえます。

　また、会社は個々の社員が組織となり、組織として成果を出す必要がありますので、その前提として、会社の服務規律を遵守し、また企業秩序を乱さないことも重要です。

　例えば、セクシュアル・ハラスメントやパワー・ハラスメント等のハラスメントの問題は、周りの社員の職場環境を阻害することにより、働きにくい職場環境を作り出し、その結果、個々の社員の成果、さらには組織としての成果も出なくなってしまうという点にあります。

　よって、問題社員とは、①能力が不足している者、②勤務態度が不良の者、③健康に不安のある者、④私生活が不安定の者、及び⑤服務規律違反者・企業秩序違反者のことをいいます。

　これらの問題社員の類型に沿って、第2章で詳しく事例ごとに対応を検討していきます。

第2節　問題社員への対応方法の選択肢

1　最終的には普通解雇を検討せざるを得ないこと

　前述したとおり、問題社員の類型として、能力が不足している者、勤務態度が不良の者、健康に不安のある者、私生活が不安定の者、及び服務規律違反者・企業秩序違反者というように多岐にわたっており、それぞれの問題に即して対応していく必要があります。もちろん、その問題の内容によっては懲戒解雇をすることもやむを得ないこともあります。

　しかしながら、問題社員は基本的には債務不履行（約束違反）であり、その債務不履行も軽微なことが多いのです。そのため、それだけをもって一足飛びに懲戒解雇をすることは難しいといえます。そこで、まずは債務不履行につき様々な手法により改善を促していくことになりますが、最終的に改善することが困難となれば、懲戒解雇ではなく、社員の債務不履行（約束違反）を理由とする普通解雇を検討することになります。

2　中小企業の限界

　会社は問題社員に対して、日常の労務管理として、逐一、懇切丁寧に改善を促すことが必要となりますが、大企業であれば人事部等の専門部署によって対応することが可能といえます。

　他方、中小企業では大企業のようにきめ細やかな日常の改善指導は

人員や部署構成の観点からなかなか難しいのが実情です。

　そこで、詳細は後ほど述べますが、中小企業は大企業と比較して改善指導が少なかったとしても、裁判所に「この会社としてはできる限りのことはやった」と評価されやすいといえます。

　以下、問題社員への対応として会社が取り得る選択肢を提示していきます。

❸　改善指導書

　会社が実際に問題社員に対して、改善指導をしていく手法として、改善指導書によることが考えられます。

　この改善指導書は、主になかなか成果の上がらない能力不足者に対して使われることが多いと思います。

　改善指導書の重要なポイントは、当該社員に対し、会社から要求されているレベルや課題がクリアーできていないという現状・問題を認識させた上で、課題を与えて、それがクリアーできるかどうかを確認する点にあります。

　具体的には、次のような流れになります。

① 　会社から求められている成果・目標に対して、どのように、またはどの程度達していないかを具体的に記載する。

② 　従前の求められている成果・目標を達成できていない以上、それよりも容易な目標等を設定し、要する期間（業種や職種にもよりますが、3か月〜6か月程度の期間設定は必要かと考えます。）を定める。

③ 　設定した期間の経過後に、会社は新たな目標等が達成できたかを検証し、その上で、当該社員と面談し、フィードバックする。

④ 　それでもなお達成できないようであれば、改めて①〜③を繰り返し行っていく。

4　注意指導書

　他に会社が問題社員に対して、改善指導をしていく手法としては注意指導書によることが考えられます。

　注意指導書の重要なポイントは、問題社員に自己の問題を認識させた上で、改善する機会を付与するという点にあります。そのため、問題とされる具体的事実を記載することが必要です。その際にいわゆる「5Ｗ1Ｈ」（いつ、どこで、誰が、何を、なぜ、どのようにして）を意識して記載すると、具体的な事実関係が伝わりやすくなります。

　そして、注意指導書による注意指導は会社から問題社員に対する一方的なものであることから、注意指導書に対する当該社員の同意は不要です。

　実務でよくある事例として、社員から同意のみならず、「今度、同じ過ちを犯した際には厳罰に処せられることに同意します」とか、「再度、会社に迷惑をかけた際には解雇されても異議申し立てをしません」などと一種の包括的な誓約をさせていることが散見されますが、このように基礎となる事実が何もない状況下において、事前に「同意」や「異議申立権の放棄」をさせても、意思表示として無効であり、何ら意味のないことです。さらに、本来、会社は当該社員に対して、注意指導書により改善を促すことを目的としているにもかかわらず、上記のような誓約をさせることにより、会社は問題社員に対して改善させようという意思はなく、むしろ辞めさせるためのエビデンス作りではないかと評価されるおそれすらあります。

　そのため、会社は当該社員に注意指導書の内容を説明した上で、改善を促すにとどめるべきと考えます。

　ただし、注意された社員が、今後、改善する意思があるのかどうかも確認しておきたいので、注意された時の当該社員のリアクション（真

摯に反省・謝罪、無視、言い訳、反抗等々）も確認し、記録しておくべきです。

　なお、改善指導書も注意指導書も「書面」であることで共通ですが、理論上は口頭による改善指導及び注意指導でも趣旨は同じといえます。しかしながら、後日、会社が問題社員に対して、いかなる改善機会を付与してきたのか、その内容の検証のためにも、できる限り書面によって行うべきと考えます。

5　懲戒処分（戒告〜懲戒解雇）

（1）そもそも懲戒とは何なのか

　懲戒とは、企業秩序に違反した労働者に対する制裁罰のことで、労働契約関係における不利益な取扱いを使用者が一方的に行うことをいいます。

　そして、使用者が懲戒権を持つためには、就業規則に懲戒の種類と事由を規定し、それを労働契約の内容としておくことが必要となります。

（2）懲戒処分の種類及び留意点

懲戒処分の種類

　懲戒処分の種類は様々あり、各社各様といえますし、どれを規定しているから「正解」、「不正解」ということはないと考えます。

　ただ、筆者としましては、戒告（将来を戒めること）、譴責（始末書を提出させて将来を戒めること）、減給（制裁として賃金から一定額を差し引くこと）、出勤停止（制裁として労働者の就労を一定期間禁止すること）、降格（制裁として労働者の職能資格や等級を引き下げること）、諭旨解雇（懲戒解雇に相当する事由があるものの、本人の反省に

応じて、懲戒解雇とはせずに説諭して解雇すること）、懲戒解雇（重大な企業秩序違反に対する解雇）が、オーソドックスなものかと思います。

留意点
(1)　減給額の限度に留意する

　意外と勘違いされていることが多いのですが、減給額の限度については労基法第91条による制限があります。具体的には「就業規則で、労働者に対して減給の制裁を定める場合においては、その減給は、①１回の額が平均賃金の１日分の半額を超え、②総額が一賃金支払期における賃金の総額の10分の１を超えてはならない。」（①②は筆者による）と規定されています。

　その意味は、例えば平均賃金の１日分が10,000円の社員が①セクシュアル・ハラスメントで減給処分となった場合には、その減給額は10,000円の半額、すなわち5,000円を超えてはならないということになります。さらに当該社員が同じ賃金支払期において、別のパワー・ハラスメントで減給処分となった場合でも5,000円を超えてはなりません。このように同じ賃金支払期に別々の減給処分が複数回行われた場合には、②その総額が賃金の総額の10分の１を超えてはならない、すなわち、仮に当該社員の賃金総額が220,000円とすると、その10分の１である22,000円を超えてはならないという２つの制限が定められています。

　このように減給処分は、経済的制裁、経済的負担という観点からはあまり大きくないといえます。

(2)　ノーワーク・ノーペイの原則に留意する

　出勤停止は、社員側の事情（責めに帰すべき事由）があって労務提供がなされないので、その期間中は賃金が支給されないのが原則

です。これを「ノーワーク・ノーペイの原則」といいます。

(3)　降格による過大な減給とのバランスに留意する

　降格を懲戒処分の一つとして行う場合は、減給とは区別されます。そのため、前記労基法第91条に規定する減給額の限度には拘束されませんが、懲戒権の行使が濫用とならないように留意しなければなりません。

(4)　諭旨退職を設けることの留意点

　重大な秩序違反行為を行った社員に対して、退職届の提出を勧告し、即時退職を求める懲戒処分を「諭旨退職」といいます。このように退職届の提出がなされるために、実務上、退職勧奨に基づく合意退職との混同などにより、トラブルに発展するリスクが高いと考えられます。

　確かに、諭旨退職によって雇用契約を解消された社員は「退職届を提出したからもう争えない」と考えて、実務的には雇用契約上の地位確認請求等のトラブルに発展することは少ないといえます。しかしながら、法的には前記退職届は社員の意思表示と関係なく、勧告されて提出されたものであり、その真意性・任意性、すなわち意思表示の有効性を争い得ると考えます。

　よって、実務を優先して諭旨退職を規定するか、または法的リスクを勘案して規定しないかは、どちらもあり得ますが、筆者としましてはあえて諭旨退職を設ける必要はなく、むしろ法的リスクを抱えることになり、実際に少しでも退職する意思がありそうな社員であれば、むしろ事実行為としての退職勧奨をして合意退職を目指せば十分であることから、諭旨退職は不要であると考えます。

(5)　懲戒解雇には様々な条件と要素が必要

　懲戒解雇が有効と判断されるためには、様々な要件が必要とされています。

（3）懲戒処分を有効にするための手続き及び考え方

労働基準法における懲戒処分の制約

　そもそもですが、「制裁の定め」は、明示しなければならない労働条件（労基法第15条）であり、かつ就業規則の必要記載事項となっています（同第89条）。

　そして（2）で示した懲戒の種類と懲戒事由は限定列挙と解されていますので、広く記載する必要があります。

労働契約法における懲戒処分の制約

　使用者の懲戒権の行使が、権利濫用に当たる場合には、当該懲戒は無効となります（労働契約法第15条）。

　ただし、「無効」と民事上の「違法」は異なりますので、懲戒が無効となったとしても、直ちに民事上の不法行為（慰謝料請求）が認められるわけではありません。

人事権行使との区別の重要性

　懲戒処分は、会社が社員に対して労働契約上当然に行い得る通常の手段（改善指導、注意指導、配転等）ではなく、特別の制裁罰です。

　よって、会社と社員との信頼関係構築の観点からも、制裁罰である懲戒処分は謙抑的であるべきであり、まずは人事権行使によって問題の解決を検討すべきです。

就業規則への記載の重要性

　前記のとおり、就業規則には懲戒の種類と懲戒事由を定めなければ

なりませんが、その規定の仕方については「正解」「不正解」はないと考えます。ただし、筆者としましては、どの程度の量定にするかを検討するにあたり、「使い勝手のよさ」等の観点から、次のように区別して定めるのがよいかと考えます。

① 労働契約が存続することを前提とする懲戒（戒告・譴責・減給・出勤停止・降格等）

② 労働契約解消を前提とする懲戒（懲戒解雇・諭旨解雇等）

または、上記①をさらに、軽めの処分（戒告・譴責・減給）と、重めの処分（出勤停止・降格処分）の2つに分けて、全体を3つに分けるということでも使い勝手がよいと考えます。

他に、懲戒処分を検討するにあたっての事実確認としてのヒアリングとは別に、社員に「言いたいことを言わせる」弁明の機会を与える旨を定めます。

懲戒処分するにあたって、弁明の機会を付与しなければならない、ということはありませんが、社員に制裁罰を与えるわけですから、社員の手続保障として弁明の機会を付与しておくべきであり、少なくとも②労働契約解消を前提とする懲戒（懲戒解雇・諭旨解雇等）では弁明の機会を付与しておくべきと考えます。

ただし、気をつけなければならないこととして、弁明の機会の付与を就業規則に記載した場合には、社員の手続保障に資することはもちろんですが、弁明の機会を付与しないと手続違反で無効となります。その意味では弁明の機会の付与を明記することには、メリット（手続保障）とデメリット（無効のリスク）がありますので、十分に検討してください。

また、懲戒事由は限定列挙ですから、漏れのないようにするために、懲戒事由に「上記に類する事項」などの一般規定を入れておくことも重要です。

採用時の注意点

　会社が社員に対する懲戒権を取得するために、実務上は、就業規則に懲戒の種類と懲戒事由を規定した上で、入社時に「就業規則に従う」旨の誓約書を提出させて契約上の合意としておくことが適切です。

　すなわち、労働契約法第7条では「労働者及び使用者が労働契約を締結する場合において、使用者が合理的な労働条件が定められている就業規則を労働者に周知させていた場合には、労働契約の内容は、その就業規則で定める労働条件によるものとする。」というように、就業規則を社員に周知するだけでもその効力が認められますが、その前提として就業規則に定められた労働条件が合理的であることが必要となってきます。

　他方、会社は社員が入社時点において就業規則を遵守する旨の誓約書を提出させることにより、その誓約が同法第6条「労働契約は、労働者が使用者に使用されて労働し、使用者がこれに対して賃金を支払うことについて、労働者及び使用者が合意することによって成立する。」に記載の「合意」として効力を有することになります。

　すなわち、同法第7条のような「合理性」は要求されません。

　そのため、社員が入社する時点において、あえて懲戒の種類と懲戒事由を記載した就業規則を遵守する旨の誓約書を取得する趣旨は、同法第6条に基づき、就業規則の合理性の有無の議論をせずに有効とする点にあります。

懲戒委員会

　会社は社員を懲戒処分に付する際に、必ずしも懲戒委員会の議を経て行わなければならないというわけではありません。

　その意味では弁明の機会を付与するかどうかと同様の議論となりますが、社員に制裁罰を与えるわけですから、社員の手続保障として懲戒委員会の議を経て行うべきであり、少なくとも前記の②労働契約解

消を前提とする懲戒（懲戒解雇・諭旨解雇等）では懲戒委員会の議を経て決定すべきと考えます。

　ただし、気をつけなければならないこととして、弁明の機会の付与の問題と同様に、懲戒委員会の議を経て行わなければならない旨を就業規則に記載した場合には、社員の手続保障に資することはもちろんですが、懲戒委員会の議を経ていないと手続違反で無効となります。

懲戒処分の文書による明示

　懲戒処分は、遺言や労働協約のように一定の方式によって行わなければならないもの（要式行為）ではないため、必ず文書によらなければならないわけではなく、口頭での懲戒処分通知も法的には有効です。しかし、後日の通知した処分内容を巡ってのトラブル回避の意味も含めて、懲戒処分の内容・懲戒事由（就業規則該当条項）・懲戒理由・事実関係等を記載した文書を交付しておくべきです。

一事不再理の原則（二重処分の禁止）

　同一の事案に対して、2回懲戒処分を行うことはできないことを「一事不再理の原則」といいます。

　実務で問題となるのは社員の業務命令違反に対して懲戒処分を検討する場合です。

　例えば、会社が社員に転勤命令を発したものの、社員がこれに応じない場合に、まず減給処分や出勤停止処分をし、その後会社が改めて転勤命令を発したものの、それでも応じないので懲戒解雇をするということがあります。

　このような場合に、確かに厳密にいえば、転勤命令が複数回なされ、その都度、当該社員がこれに従わないということですから、転勤命令違反を理由に複数回の懲戒処分を行っても「一事」とはいえないはずです。

しかしながら、同じ転勤の機会を巡っての命令違反ですから、一連の転勤命令違反と評価される可能性は否めず、また少なくとも社員とのトラブルリスクは多分にあることから、小分けに懲戒処分をするのではなく、一度にまとめて懲戒解雇を検討すべきです。

平等待遇の原則

これは同様の違反行為に対しては、同一種類・同一程度の懲戒処分を行うべきという原則です。

この原則は、以前に同様の違反行為によってなされた懲戒処分と同程度の懲戒処分にしなければならないというものですが、さらに当該会社で当該懲戒事由により初めて懲戒処分をする際には、留意しておくべきことがあります。すなわち、初めての懲戒処分の際に適当な懲戒処分を選択しておかないと、後の懲戒処分における、いわば「物差し」になるという点です。

相当性の原則

懲戒処分は、規則違反の種類や程度その他の事情に照らして相当なものでなければなりません。

不相当となれば懲戒権行使の濫用として無効となります。

問題行為の記録の重要性

懲戒処分が権利濫用と判断されるか否かは、関連する事情を総合的に勘案して決せられます。

そして、懲戒処分の基礎となる問題行為はその時点で所属長等が記録しておくべきであり、後日記憶に基づいて作成する陳述書よりも証拠力が高いといえます。ただし、中小企業においては人員構成の関係からなかなか難しいのが現状です。

まず顛末書を取ること

　会社が懲戒処分を検討するにあたって、まずは事実認定作業を行いますが、その際に対象者から事実関係の報告である顛末書の提出をさせることになります。

　他方、中小企業でよくあることとして、まだ事実確認の段階で対象者から「申し訳ございませんでした」という謝罪の趣旨の文言の入った謝罪文を提出させている場合があります。

　しかしながら、本来、事実関係を整理し、事実認定をした上で、譴責処分等の懲戒処分が相当と評価した結果、当該行為者に譴責処分等に処して初めて謝罪の趣旨の文言の入った謝罪文を提出させることができます。この点は十分に注意してください。

6　異動（転勤、降職等）

（1）転勤命令による対応

転勤命令権の取得の可否

　転勤とは原則として住居の移転を伴う配転をいいます。

　そもそも勤務地は労働条件の内容であることから、原則として当該社員の同意が必要となります。

　もっとも、必ずしも社員からの同意が得られるとは限らず、また会社としても逐一社員からの同意を得ないと転勤させられないということであれば、会社の人事権行使に支障が生じます。

　そこで、一定の要件を満たせば、会社は逐一社員からの同意を得なくても、一方的に発することのできる転勤命令権の取得が認められています。

　具体的には、次の事項が必要になります。

① 労働契約締結の際、労働者が使用者の転勤（職種変更）命令に従

うとの誓約書を提出している。
② 就業規則に転勤（職種変更）に関する規定が定められている。
③ 使用者には多くの支店や出張所（職種）があり多くの従業員が転勤（職種変更）している。
④ 労働契約締結時に勤務場所（職種）の特定の合意がなされていない。
ただし、海外転勤命令については慎重に検討すべきと考えます。

転勤命令権の行使

前記のとおり、仮に会社が従業員に対する転勤命令権を取得したとしても、具体的な場面でその行使が濫用となってはなりません。

すなわち、転勤命令権の行使が有効かどうかの判断要素としては、次のような事情によって検討されます。
① 業務上の必要性が存しない場合
② 他の不当な動機、目的をもってなされた場合
③ 労働者に対し通常甘受すべき程度を著しく超える不利益を負わせる場合

転勤命令に応じなかった場合の基本的な対応

会社が社員に対して転勤を命ずることができる場合に、その命令を拒否するのであれば、転勤（業務）命令違反となります。

そして、会社が社員に対して、十分に説得し、理解を求めたものの、拒否するのであれば、最終的には懲戒解雇を検討せざるを得ないと考えます。ただし、懲戒解雇は一般論として濫用として無効と評価される可能性が高く、他方、社員もその後の職業人生に「懲戒解雇」が付いて回りますし、そのために提訴等のトラブルリスクが極めて高いということになります。

よって、実務的には普通解雇で十分と考えます。

　さらに可能であれば、合意退職で処理できればお互いにとって望ましい形といえます。

　なお、本書全体を通じていえることですが、解雇ができるかどうかということと、実際に解雇するかどうかは別であり、会社秩序や職場環境を維持・改善するためには、問題社員が合意退職すれば足りるということも多々あることにはご留意ください。

（2）降職による対応

　会社が人事権の行使として社員を降職（広義の降格）するのであれば、その場合会社は当然に命令権を有しています。

　ちなみに規定するとしても、次のような内容で十分と考えます。

【規定例】

> 　会社は、従業員に対し、業務上の必要性がある場合、その職位を解任（降職）することがある。

７　賃金引下げ（降格）

　他方、職能資格制度上の資格の引下げである降格（降級）は当然には予定されていないので就業規則に客観的な基準や手続きを詳細に定める必要があります。

　具体的には、例えば、次の事項を定める必要があります。

① 　対象者（例：「人事考課基準による直近３年間の査定結果がEランク以下の者」）

② 　手続き（例：降格審査委員会の設置）

③ 　弁明の機会の付与

④ 　事後的な不服申し立て制度　等

8　普通解雇

（1）普通解雇は「不自由」であること

　雇用契約も契約である以上、使用者の賃金支払義務や労働者の労務提供義務が滞った（債務不履行）場合、他方当事者は債務不履行による解除ができるはずです。

　しかしながら、昭和30年から40年代にかけて長期雇用システムという日本の雇用慣行が確立され、昭和50年に最高裁において、使用者の解雇権の行使は濫用してはならないという解雇権濫用法理を確認しました。その後、労働契約法が成立し、上記解雇権濫用法理が明文化されました。

　具体的には、「解雇は、客観的に合理的な理由を欠き、社会通念上相当であると認められない場合は、その権利を濫用したものとして、無効とする。」（労契法第16条）と明文化されました。

　すなわち、解雇した際に「客観的に合理的な理由を欠」いたり（客観的合理性）、「社会通念上相当であると認められない」（社会的相当性）ような場合には、権利の濫用として無効となります。

　よって、解雇の有効性を検討するにあたって、この客観的合理性と社会的相当性が認められるかどうかが問題となりますが、いずれも「評価」の問題ですので実務家でも判断が極めて難しいといえます。

　また、裁判所でも普通解雇の有効性の判断について地裁と高裁でも分かれることがよくあります。

（2）「客観的合理性」と「社会的相当性」

　「客観的合理性」とは普通解雇事由に実質的に該当することをいいます。

　すなわち、単純に債務不履行、約束違反があっただけでは足りず、普通解雇事由に実質的に該当することが必要となります。

　例えば、普通解雇事由に「出退勤不良」が定められているとします。そして、始業終業時刻が9時から18時（休憩1時間）として、ある従業員が5分遅刻の9時5分から業務を開始したとします。

　この場合、9時が始業時刻である以上、5分遅刻すれば、形式的には「出退勤不良」に該当します。

　しかしながら、前述したとおり、長期雇用システムという雇用慣行から、民事上の通常の契約の債務不履行責任とは異なり、形式的に債務不履行、約束違反があったのでは足りず、まさに実質的に解雇事由に該当することが必要となります。

　程度問題ではありますが、数日間連続で無許可により欠勤するというイメージです。

　「社会的相当性」とは、問題行動が普通解雇事由に実質的に該当し、さらに普通解雇をすることもやむを得ないという要件として「社会的相当性」が求められます。そして「社会的相当性」を考えるにあたって最も重要なことは「改善機会の付与」をしたかどうかです。

　すなわち、実質的に普通解雇事由が存在したとしても、当該従業員を直ちに普通解雇しなければならないのか、言い方を変えると、当該従業員はもはや改善する余地はないのか、使用者も当該従業員に対して改善するように努めたかということが求められます。

　それと会社規模も「社会的相当性」を考えるにあたって重要な要素となります。

　すなわち、会社規模が小さければ、問題行動が周りの従業員に与える影響が大きいといえますので、普通解雇もやむを得ないと評価されやすくなります。

　例えば、50人の部署に1人の能力不足社員がいたとしても、周りの49人でフォローすることができますが、5人の部署だと周りの4人で

しかフォローできず、その負担は極めて大きいといえます。

　このように、会社規模が小さければ小さいほど、能力不足、勤怠不良や協調性不足等の問題行動が周りの従業員に与える影響は大きくなり、その結果、「社会的相当性」が認められやすくなります。

第3節　予防方法

　特に従業員による秩序違反行為等を予防するために、以下の方法があると考えます。

1　研修・教育

　まず、従業員に対して、コンプライアンス部や、外部の弁護士により、社内研修や教育を通じて、会社秩序を乱す行為を理解させることが重要です。

　特に法的評価を伴う問題行動等、学ばなければ理解できないような内容については十分な研修・教育が必要です。

　例えば、セクシュアル・ハラスメントやパワー・ハラスメント等のハラスメントは会社秩序や職場環境を害する行為をいいますが、ではどのような行為が職場環境を害すると評価されるのかについて研修・教育しないと、無意識的にハラスメントを行ってしまったということが起こり得ます。

　そこで、ハラスメント行為を事前に防ぐためには、いかなる言動がハラスメントに該当するかを繰り返し研修・教育し、理解させる必要があります。

2　モニタリング

　続いて、従業員が使用するパソコンの電子メール等のモニタリングが考えられます。

　この点、そもそも会社が業務に使用するために従業員に貸与しているパソコンのメールのモニタリングである以上、無限定にできるようにも思えます。しかしながら、従業員が日々使用することにより、そのメールにも、一定のプライバシー権が発生します。

　すなわち、会社によるモニタリングが、社会通念上相当な範囲を逸脱した閲覧に該当しない限り、原則として適法ですが、これを逸脱するとプライバシー権侵害となり、不法行為が成立する可能性があります。

　そしてその判断要素としては、裁判例によりますと、

① 　職務上従業員の電子メール等の私的利用を監視するような責任ある立場にない者が監視した場合

② 　責任ある立場にある者でも、監視する職務上の合理的必要性が全くないにもかかわらず、個人的な好奇心等から監視した場合

③ 　社内の管理部署、その他の社内の第三者に対して監視の事実を秘匿したまま個人の恣意に基づく手段・方法により監視した場合

など、監視の目的、手段及びその態様等を考慮して監視される側に生じた不利益とを比較衡量の上、社会通念上相当な範囲を逸脱した監視がなされた場合にプライバシー権侵害となるとされています（F社Z事業部（電子メール）事件　東京地判平13.12.3）。

❸ 所持品検査・身体検査命令

（1）当該命令権を保有しているか

　会社は、職場秩序の確保ないし労務の管理及び企業財産の保全等を目的として所持品検査や身体検査を行っていますが、そもそも従業員との労働契約から、当然に所持品検査や身体検査の命令権を取得することはないと考えます。

　よって、会社がこれらを命令するためには、規程により労働契約の内容としておくことが必要と考えます。

（2）当該命令権の行使が正当か（権利濫用か否か）

　所持品検査と身体検査とでは、従業員のプライバシー権や人格権に与える影響が異なるので、以下では両者を分けて考えます。

　所持品検査とは、従業員がカバンや机の中に不正に取得した会社の金銭等を隠していないか検査することをいいます。

　他方、身体検査とは、身体（制服や私服等）に不正に取得した会社の金銭等を隠していないか検査することをいいます。

　一般的に、鉄道・タクシー・バスといった旅客輸送関係や金融機関などで現金を扱う職務に就いている者に対して、所持品検査や身体検査が行われる場合がありますが、両者は従業員のプライバシー権侵害のおそれがあるという側面を持つことは共通するものの、その侵害のおそれの程度は身体検査のほうが大きいといえます。

　いわゆる所持品検査については、靴の中を検査するための脱靴を拒否した従業員に対する懲戒解雇が有効とされた判例があり、所持品検査が有効と解される要件としては、

①　検査が合理的理由に基づいて行われること

②　検査の方法ないし程度が一般的に妥当なものであること

③　制度として職場従業員に対して画一的に実施されるものであること

④　検査が就業規則その他の明示の根拠に基づいて行われること

が挙げられています。

　所持品検査でも、会社から本人に貸与しているカバンや机、ロッカーなどについては、会社施設・物品の管理権限の行使として、検査の必要性の程度に応じて、本人の同意をとったり立ち会わせたり、所属長のみの立ち会いとしたり、本人に開けさせて視認のみとしたり、事前

に周知する等、その方法ないし程度に注意して行えばよいと考えます。

　他方、所持品検査よりもプライバシー侵害のおそれの強い身体検査は、上記の①〜④の要件を満たすことはもとより、その侵害のおそれ、つまり警察でもない者から容疑者のような扱いを受けて屈辱を感じるといった精神的損害を生じさせるおそれが強いといえるので、なお一層の慎重さが求められます。

4　改善指導

　従業員が秩序違反行為等を行った場合に、再発防止のために改善指導を行いますが、重要なのは再発防止のみならず、仮に再発させた場合にはより厳罰に処すことができる点にあります。

第4節　対応の展開とリスク(結果)への意識

❶　リスク（結果）を意識することの重要性

　使用者が問題のある従業員に対して取り得る対応には、事実上の注意から、懲戒処分、さらには普通解雇、懲戒解雇と、様々な方法が考えられますが、それがどのように展開していくか、すなわち「結果」を見据えることが重要です。

　もっとも、「結果」には様々な意味があり、もちろん「有効」か「無効」かの「結果」を読み切ることは重要ですが、その手前のどのような手続きに移行していくかという「経過」も事前に把握しておくべきです。

　問題社員対応は、基本的に従業員が使用者との約束を守らない（債務不履行）ことへの対応の問題となるので、使用者と従業員間の民事上の問題となります。

　とすると、そこに争いがあれば、最終的に民事上の権利義務関係を確定してくれる裁判所を使うことになります。その場合に、従業員の選択としては、基本的に、その有効性を正面から争う本訴でいくのか、その前提として仮処分を申し立てるのか、それとも話し合いでの解決を見据えて労働審判でいくのかになります。

　いずれにせよ、あくまでも使用者は国からの刑罰や行政処分を気にすることなく、従業員との民事的なトラブルをいかに終息させるかに収斂することとなります。

　他方、後で詳しく述べますが、使用者と従業員との民事的なトラブ

ルが労働刑法にも抵触する場合、例えば賃金支払いを巡ってのトラブルであれば、労基法第24条や第37条にも抵触し得、その結果、労基署対応や刑事対応が必要となってくる可能性もあります。

よって、使用者は従業員とのトラブルによって、最大リスクは何かを見積もりながら対応しなければならないことを肝に銘じなければなりません。

② 労働基準監督署（国による規制）

前記のとおり、会社と従業員との間で起きるトラブルは基本的に両者間の約束（労働契約）を巡ってのものといえます。

例えば、従業員が遅刻で9時の始業時刻に間に合わないというのは、従業員が会社との「9時始業時刻」という約束を守っていないということになります。

また、会社は営業「部長」という手腕を期待して、他社から従業員を中途採用したものの、期待した能力がなかった場合には、その約束を守れなかったということになります。

他方、会社も従業員に対して、賃金の未払いがあるという場合には、会社は従業員との賃金に関する約束を守っていないということになります。

このように、会社と従業員間のトラブルは両者の約束を守っていないこと、言い換えると従業員は会社に対する労務提供義務を履行できていなかったり、会社は従業員に対する賃金支払義務を履行できていないことにより発生します。

そして、この「約束」は両者間の労働契約や就業規則、労働組合があれば労働協約の解釈によって確定していくことになります。

もっとも、以上のような会社と従業員間の二当事者を規律する労働契約の問題に加えて、労働法が会社にこの労働契約を遵守させるべく

様々な規制を設けています。

　労働法が設けている様々な規制とは、

①　刑罰

②　行政処分（改善命令、停止命令、中止命令、許可取消し等）

③　行政指導（助言、指導、勧告等）

④　企業名公表

等があります。

　よって、会社は従業員との関係で労働契約を遵守するとともに、国との関係で労働法を遵守しなければなりません。

刑罰

　まず労働法には刑罰が規定されています。具体的には労働基準法等に規定されています。

　そして、実務的に気をつけなければならないこととしては、労働基準監督署監督官の監督によって違反が多く確認された法条は何かということを意識することです。これを意識した上で、改めて当社も同法条に違反していないかどうかを確認すべきです。

　例えば、労基法違反については、

①　労働時間（第32条・第40条）

②　割増賃金（第37条）

③　就業規則（第89条）

④　労働条件明示（第15条）

⑤　賃金台帳（第108条）

の順になっています。

　①労働時間については、36協定に関する違反が多いと思われますが、労基法改正により、今後さらに厳しく監督がされると思われます。

　②割増賃金については、大まかに言いまして、割増賃金の基礎となる労働時間そのものの把握の問題と、制度・評価の問題（固定払い制

の問題、「管理・監督者」性の問題等）が考えられるので、まずはこの点について確認する必要があります。

③就業規則については、基本的に必要的記載事項の漏れの問題かと思われますので、これを再確認すればよいと考えます。

④労働条件明示と⑤賃金台帳もそれぞれの規定に則って確認すれば十分かと考えます。

続いて申告に基づく監督になりますと、割増賃金に限らない賃金不払い全般（第24条、第26条、第37条）、解雇（第19条）、解雇予告手当不払い（第20条）等、労基署への多くの申告が会社から金銭を支払われていない場合を契機としているということがわかります。

よって、会社が労働者に適正に金銭を支給していないことが、最も労務リスクが顕在化しやすいケースだということを改めて認識すべきです。

ちなみに送検された法条の順位ですが、

① 賃金の支払い（第24条）

② 割増賃金（第37条）

③ 労働時間（第32条）

④ 解雇の予告（第20条）

⑤ 労働条件の明示（第15条）

となっています。送検されることの最大のリスクは、報道発表や記者会見等が行われることにより、結果的に企業名が公表されてしまうことです。

行政処分

次に、行政処分があります。

具体的には、改善命令、停止命令、中止命令及び許可取消し等です。

例えば派遣法では、派遣元事業主に対する許可の取消し（第14条）、事業停止命令（第14条第2項）、及び改善命令（第49条第1項）があり

ます。

　しかしながら、会社と従業員間の「約束違反」を巡る処理において、通常上記行政処分が問題となることはありません。

行政指導

　行政指導には助言、指導及び勧告等がありますが、刑罰や行政処分のように、その対象者の権利義務を具体的に決定する法的効果はなく、その意味では事実上のものにすぎません。したがって、行政処分のような処分性がないことから、基本的に取消訴訟によって取り消すということはできません。ただし、事実上のものといっても、行政の現時点での見解・方針を示していることから、不利益を避けるために従ったほうが望ましいといえます。

　具体的には、労働基準監督官から指導票や是正勧告書が出された場合には法的拘束力はなく、事実上のものではありますが、従わなかった場合には送検、さらには刑罰や企業名公表のおそれがあるため従わざるを得ません。現に是正勧告書には、勧告に従わない場合には送検する可能性が明記されています。

企業名公表

　企業名公表とは、法律に違反した企業の名前を公表することをいいます。

　まず企業名公表が法律に制度化されている場合があります。例えば、均等法、高年法及びパート有期法等です。

　よって、会社が問題社員対応という名の下、上記法律に違反することにより、企業名を公表されるリスクがあります。

　次に、上記のように個別の法律に制度化されていないにもかかわらずプレスリリースといった形で報道発表や記者会見等において、法律の根拠なく企業名を公表されることが広く行われています。例えば、

労基法違反等により送検されるような場合です。

3 合同労組

　前記のとおり、使用者と従業員間のトラブルで行政・刑事という観点から、3番目の"登場人物"として国を挙げました。ここでさらなる登場人物として、「合同労組」が考えられます。

　そもそも合同労組とは、一定の地域において、職種、産業及び企業の枠を越えて組織する労働組合のことをいいます。

　合同労組の特徴は、①誰でも、②一人でも、③職場に組合がなくとも、④職業に関係なく加入できることです。

（1）合同労組の活動の特徴

　合同労組の活動の特徴としては、基本的には組合員が1名（または少数組合）であることから、使用者との交渉を有利に進めるための手段として、ストライキという手段は有効ではないことからほとんど使われず、会社前や取引先でのビラ配り等の街宣活動という手段を使うことが多いという点にあります。

　また、使用者側に労基法違反や安衛法違反がある、またはそのおそれがある場合、さらには社会保険や雇用保険の未加入問題の場合には、団体交渉と並行して行政監督官庁（労働局、労基署）を利用することが多く、加えて、当該合同労組の宣伝活動のためにマスコミとタイアップし、社会問題化を図ろうとすることも多いです。

（2）労働協約締結

労働協約とは

　労働協約とは、労働組合と使用者またはその団体との間の労働条件その他に関する協定であって、書面に作成され、両当事者が署名また

は記名押印したものをいいます（労組法第14条）。

　このように、労働協約は書面作成及び両当事者の署名または記名押印が必要であり、要式行為です。

　そして、団体交渉を実施し、使用者と労働組合が議題等について妥結したにもかかわらず、使用者が労働協約の締結を拒絶した場合には不当労働行為になることに注意を要します。

　そこで、以下、労働協約の一般論を説明します。

労働協約の効力（規範的効力と債務的効力）

　(1)　規範的効力と債務的効力

　　労働協約には組合員の労働契約を規律する「規範的効力」と、協約当事者である労働組合と使用者間の契約としての効力である「債務的効力」という2つの異なった効力があります。

　　規範的効力が認められる協約部分を「規範的部分」と呼びますが、注意すべきは「規範的部分」には同時に債務的効力（協約当事者間の契約としての効力）も認められることです。

　　これに対して、債務的効力のみが認められる部分を特に「債務的部分」と呼びます。

　(2)　規範的効力

　　規範的効力とは、労働協約中の「労働条件その他の労働者の待遇に関する基準」が個々の労働契約を直接規律する効力をいいます（労組法第16条）。

　　違反の労働契約部分を無効とする強行的効力と、労働契約の内容を直接定める直律的効力を内容とします。

　(3)　債務的効力

　　債務的効力とは、労働協約の締結当事者である使用者と労働組合

との間の契約としての効力をいいます。

　使用者と労働組合との間での集団的労使関係のルールを主な内容とします。

　具体的には、次の内容です。

① 　組合活動に関する便宜供与（就業時間内での組合活動、組合事務所や掲示板の貸与等）

② 　団体交渉の手続き（団交の時間、場所、人数、録音の可否等）

③ 　労使協議制の創設

④ 　人事権行使に関する事前協議・同意条項　等

　なお、④を締結した場合には、当該組合員に対する人事権行使は当該手続きを経ないと無効となり、適正・迅速な人事権の行使に制約が生じるため、実務対応としては、④の締結には極めて慎重な検討が必要です。

労働協約の拡張適用（一般的拘束力）

　少数組合である合同労組と締結した労働協約の拡張適用の問題は生じません。

（3）紛争の解決に向けて

主な紛争パターン

（1）　契約解消問題

　従業員が合同労組に加入する典型事案として、まず、解雇撤回事案が考えられます。

　この場合には、団体交渉において、当該組合員がなぜ解雇に至ったか、その解雇理由を精査し、合同労組に対して説明する必要があります。

　その際に、改めて「解雇理由書」を作成した上で、合同労組へ交付し、合同労組からこれに対する反論をしてもらうという進め方も

団体交渉を円滑に進める有効な手段であるといえます。

(2)　賃金未払い問題

　従業員が合同労組に加入する事案として、未払い賃金の支払請求をする事案も増加しています。

　この場合には、まずは合同労組から請求金額及び算定根拠を示してもらい、その上で使用者でこれを精査することとなります。

　なお、当該事案の特徴としては、合同労組は、団体交渉と並行して労働基準監督署へ相談に行くケースが多いという点にあります。労働基準監督署の監督官の興味としては、割増賃金未払の労基法第37条問題であれば、当事者間での解決の可能性の有無にあることから、定期的に合同労組との交渉状況を報告し、交渉により解決を図ろうとする意思のあることを示すと同時に、時間的猶予を与えてもらうという対応が望ましいと考えます。

　他方、最低賃金を割るような労基法第24条問題であれば、刑事事件に発展する可能性が高いため、早急に是正すべきです。

解決方法（在職者と退職者の違い）

　使用者と合同労組との間における交渉により事案を解決するにあたって、当該組合員が在職者なのか、それとも退職者なのか、ということに着目すべきです。

　まず、当該組合員が退職者の場合、早期解決等を優先するという経営判断により、その和解内容が使用者にとって多少不合理なものであったとしても、妥結することは十分にあり得ると考えます。

　他方、当該組合員が在職者の場合、単に個別事案としての解決を目指すのではなく、他の在職者とのバランスを意識した事案の処理を心がけるべきです。

解決機関の利用

（1）　あっせん（労働委員会　行政）

「あっせん」には労働局で行われるものもありますが、ここでは労働委員会で行われるものについて解説します。

労働委員会におけるあっせん員の指名は、基本的に公労使三者構成で指名された上で、労働者委員及び使用者委員がそれぞれの立場から各当事者に対して説得等が行われるため、公平、妥当な解決が導かれる可能性が高いと考えます。

（2）　労働審判（裁判所　司法）

膠着化した雇用契約解消問題の解決手段として、使用者側から「地位不存在確認請求労働審判」を申し立てることも早期かつ妥当な解決を図るためには有効な手段といえます。上記労働審判の申立てそのものにより、団体交渉応諾義務が消滅するわけではありませんが、実務対応としては合同労組に対して、一旦、団体交渉を中断するよう働きかけるべきです。

他方、賃金未払い問題の解決手段としては馴染まないと考えます。

（4）不当労働行為

特に実務で問題になる不誠実団交についてまとめると次のようになります。

① 　実務で不誠実団交が問題となる典型例
　ア　回答の論拠・資料を示さないこと
　イ　最初から組合と合意する意思のないこと
　ウ　使用者側の回答に固執すること
② 　合同労組の要求を容れる義務はないこと

実務対応のポイントとしては、誠実に交渉することと、合同労組の要求を容れることとは全く異なることにあります。

　なお、不当労働行為については労組法第7条に列挙されていますが、会社の労働組合に対する言動が実際に同条記載の不当労働行為に該当するかどうかは、労働委員会での調査期日及び審問期日を経て判断されることになります。

　詳細は割愛しますが、通常訴訟のように、複数回にわたる調査期日で双方が主張書面と証拠を提出し合い、その後、審問期日で双方からの証人に対する尋問が行われた後、労働委員会が不当労働行為に該当するかどうかにつき判断することになります。

　労働委員会での審査は法改正により、以前よりも審査が迅速に行われるようになりましたが、それでも事案によっては事件を含む全体解決に至るまで数年単位でかかるため、会社にとっては労働組合と労働委員会での不当労働行為事件に発展すること自体が多大なコストであるといえます。

第2章　具体的問題行動への対応

第1節　能力不足者の場合

1　何をもって能力不足というのか

Q　当社にはさぼることなく一生懸命に仕事はしているのですが、残念ながらパフォーマンスの低い社員がいて困っています。当社としては持て余しており、「能力不足」を理由に解雇しようかとも考えていますが、そもそも能力不足とは何をもって認められるのでしょうか。

A　能力不足の判断は主張も立証も難しいといえます。できる限り具体的、一義的な「能力」を定めて人事考課制度等による能力評価を行っていくべきです。

　例えば、「○日休む」、「○○の業務をやらない」、上司の命令を聞かないというような勤務態度不良であれば、客観的に明確であり、主張や立証がしやすいといえます。

　他方で能力不足はそもそも何をもって能力が不足していると判断したのか、すなわち評価が入りますので、主張も立証もし難く、訴訟では特に立証が難しいと考えます。

　近時の裁判例でも、能力不足を普通解雇事由の1つとして飲食店の店長（その後ホール係と調理場担当を兼務）を普通解雇した事案において、「具体的な出来事については、その存在を認めるに足りる客観的かつ的確な証拠があるわけではなく、直ちにこれらの存在を認める

ことは困難である」、「原告の勤務態度は、表情の暗さ等、多分に評価を含むものであ」る等として「これらの事情によれば、原告に解雇事由となるまでの著しい能力不足があったと認めることは困難であるといわざるを得ない」として、結論として普通解雇を無効としています（有限会社スイス事件　東京地判令元.10.23　労経速2416-30）。

　よって、後で述べるとおり、できる限り具体的、一義的な「能力」を要求するとともに、人事考課制度等による能力評価を行っておくべきと考えます。

2 新卒一括採用者の能力不足

Q 今年新卒一括採用した社員のうち、ある者が「この仕事は難しくて私にはできません」と言ってきました。当社の業務の中ではそれほど高度なものではなく通常の業務です。このように通常の業務すらこなせないようなら辞めてもらおうかと考えています。

A そもそも新卒一括採用者の場合は「能力」が「債務」（約束）となっていないため、普通解雇は難しいといえます。ただし、零細企業で会社全体の業務が停滞するような場合には能力不足による解雇もあり得ます。

（1）「能力」が「債務」（約束）となっているかが重要

　従業員の「能力」が「債務」となっていて初めて能力不足が「債務不履行」（約束違反）となるわけですので、最初に締結された労働契約の内容がとても重要となります。

　そこで、「新卒一括採用者の場合」「地位特定者の場合」「専門能力者

の場合」に分けて、それぞれのケースを考えていくことにします。

（2）新卒一括採用者の場合

　新卒一括採用者は採用後、どのような部署に配属されるのか、また
どのような業務を担当するのかにつき、採用時点では決まっておら
ず、その意味では特定の業務と結びつけて採用されたわけではありま
せん。

　すなわち、労働契約の内容として、いかなる業務や職種についてど
のような能力を持っているかについて、具体的に特定や要求をされて
いません。

　むしろ会社が新卒一括採用者に対して、研修や教育を行ったり、ま
た定期的に社内異動を繰り返すことにより、能力を付けさせることに
なります。

　よって、新卒一括採用者との労働契約においては、そもそも「能力」
が「債務」（約束）となっていません。したがって、新卒一括採用者の
能力不足を理由として普通解雇とすることは難しいといえます。

　この点について、裁判例でも「長期雇用システム下で定年まで勤務
を続けていくことを前提として長期にわたり勤続してきた正規従業員
を勤務成績……の不良を理由として解雇する場合は、労働者の不利益
が大きいこと、それまでの長期間勤務を継続してきたという実績に照
らして、それが単なる成績不良ではなく、企業経営や運営に現に支障・
損害を生じ又は重大な損害を生じる恐れがあり、企業から排除しなけ
ればならない程度に至っている。」（エース損害保険事件　東京地決平
13.8.10　労判820-74　裁判例10）というように判示しています。

　一従業員の能力不足が「企業から排除しなければならない程度に
至っている」と評価されることは通常あり得ないといえますので、や
はり能力不足での普通解雇は原則として難しいと考えます。

　ただし、会社規模が大企業というわけではなく、数名の零細企業で

あれば、一従業員の能力不足によって周りへの影響、すなわち会社全体の業務が停滞する等の結果が生じ得るといえ、その結果、例外的に「企業から排除しなければならない程度に至っている」と評価し得る場合があると考えます。

　このような場合には、特別に能力を限定（約束）していないとしても、能力不足による普通解雇もあり得ると考えます。

　裁判例でも「……債権者の事務局職員は4名にすぎないから、そのうちの1名でも勤務成績の劣る者が存在する場合には、その補いをする他の職員の負担が増す割合は大きく、その職員の担当事務の停滞をきたすことになるおそれもあるから、許容される勤務成績の悪さの程度はさほど大きくないというべきである。」（全国給食協同組合連合会事件　東京地決平元.2.20　労判544-77　 裁判例6 ）と判示していることは押さえておくべきです。

3 地位特定者の能力不足

Q　当社では、他社で営業のトップであった者の新規開拓力に期待して営業部長という高度な地位に特定して中途採用しましたが、期待したほどの営業力がないばかりか「新規開拓は苦手です」などと言っています。約束違反だと思いますが、解雇は可能でしょうか。

A　地位特定者が具体的能力を備えていない場合は債務不履行となります。労働契約書に地位（職位）と具体的な成果や目標を明記して、客観的に判断できるようにしておきます。ただし、最終的に普通解雇が認められるには社会的相当性を備えていることが必要です。

　地位特定者とは、通常の採用経緯で採用された従業員と異なり、採用時点で人事「部長」や営業「部長」のように、地位（職位）を特定して採用された従業員をいいます。

　このように特定された地位について、その職務を遂行する具体的能力を備えていることが労働契約の内容となっています。このことは、会社側の認識も、また従業員側の認識も一致しているといえます。したがって、残念ながら、従業員がこのような具体的能力を備えていない場合には債務不履行といえ、普通解雇事由に該当します。

　地位特定者と労働契約を締結する際のポイントは次のとおりです

① 　通常の労働契約とは異なった特別な契約ですので別途、労働契約書を作成した上で、労働契約を締結します。そして就業規則の適用範囲につき、一般の従業員を対象とした条項の適用を除外する必要があります。

② 　労働契約書に「人事部長」、「営業部長」という地位や職位を明確にします。

③ 　積極的に「職種変更、配置転換等は一切予定していない。」と明確にします。故に、特定の「地位」に基づく能力が要求されることになるのです。

④ 　さらに、その地位に応じた具体的な成果や目標を掲げておくと、具体的な約束内容及び約束違反が判断しやすくなります。例えば、その地位に合わせて「○年度の売り上げ○億円」、「新規出店舗数○店」、「課長以上の中途採用○名」等を検討しましょう。

　このように具体的な約束ができれば、地位特定者が約束を守ったか、すなわち普通解雇事由があるかどうかが判断しやすくなります。

　ただし、普通解雇事由に該当する、すなわち「客観的合理性」が認められるとしても、それだけでは普通解雇をすべきではなく、会社は雇用をし続けなければなりません。

　すなわち、仮に裁判となった際に、裁判官は「当該従業員に能力が

ないこと自体は理解できますが、直ちに普通解雇すべきだったでしょうか」という疑問を呈されることになります。

そして、会社としてもはや普通解雇をせざるを得ない、すなわち普通解雇に「社会的相当性」が認められるに至ったとなれば、その時点でやむを得ず普通解雇を検討せざるを得ません。

その判断要素としては以下のように考えます。

①　機会の付与の有無（当該従業員が「畑違い」の業界からくることも往々にしてあり、そうすると、当該従業員が持っている能力を発揮するだけの機会や期間を与えないと酷であり、例えば雇用してから1年間程度は試すべきです。）

②　会社からの助力・支援の有無（職場環境や顧客が変わるわけですので、会社が助力・支援することが前提となります。）

③　市場の状況（仮に成果が上がらないとして、それは誰がやっても上がらないような不況下にあるのか、それとも当該従業員個人の問題かどうかが問題となります。）

④　賃金処遇の多寡（会社は当該従業員に重い責任を負わせる以上、それに見合った賃金処遇をしているかどうか。会社の規模・業態にもよりますが、高度プロフェッショナル制度の適用を受ける年収要件は1,075万円以上のため、同額をイメージします。）

以上の①〜④に鑑みて、現時点で普通解雇もやむを得ない、すなわち「社会的相当性」が認められるかどうかで普通解雇を判断することになります。

裁判例でも、新設したマーケティング部部長に地位特定されて上位2％に入る1,000万円／年を超える賃金で労働契約を締結したにもかかわらず、約8か月で普通解雇された事案で、債権者の執務態度は、マーケティング部を新設した会社の期待に著しく反し、雇用契約の趣旨に従った履行をしていないとして有効と判断されました（持田製薬事件　東京地決昭62.8.24　労判503-32　**裁判例13**）。

　一方、近時の裁判例では、 3 か月の試用期間で、わずか 1 か月間の就労後に自宅待機を命じ、その 1 か月後に本採用拒否をした事案で、本採用拒否を有効としたものもあります。すなわち、高額な賃金待遇（年収1,000万円）の下、即戦力の管理職として中途採用し、高いマネジメント能力を発揮することが期待されていた従業員が、高圧的・威圧的で協調性を欠き、適合的ではなかったと評価された結果、本採用拒否したことにつき、「改善指導を当然の前提とすることも相当ではなく、むしろ、原告の高圧的言動に係る事実が短期間で複数認められたことや……原告の是正意向……にもかかわらず、これをしなかったからといって、およそ本採用拒否の理由にならないものでもない。」というように即戦力として採用された地位特定者に対しては必ずしも改善指導が必要とはいえず、その結果、解約留保権の行使である本採用拒否は有効であると判断しています（社会福祉法人どろんこ会事件　東京地判平31.1.11　労判1204-62）。

　本件事案は、①機会の付与として実質的には 1 か月でしたが、それでも十分に被告従業員としての適格性がないと判断し得たものであって、例外的な事案として参考になると考えます。

4 専門能力者の能力不足

Q　当社の社員Aは、他社で十分な研究実績があり、専任研究職として中途採用したのですが、「これまでと業種が異なる」と言って研究に身が入っていない様子です。専門能力を発揮しないのは契約違反ではないでしょうか。

A　専門能力者の場合も地位特定者と同様に債務不履行があるか検討します。他方、専門能力者までの高度な能力までは要求していないものの、一定の専門性があって職種を特定した専門職者

の場合には、即座に普通解雇せず、まずは配置転換を打診するよう努めるべきです。

　専門能力者とは、専門性が必要な業務を行うに足りる高度の専門的知識・能力を有する者のことをいいます。

　この専門能力者が期待していた専門的知識・能力を有していない場合にも、債務不履行として普通解雇を検討することになります。

　そして、債務不履行があるかどうかの検討方法としては、地位特定者と同様に考えれば結構です。

　すなわち、次の要素を検討し、普通解雇することもやむを得ない、社会的相当性が認められるかどうかを検討することとなります。

① 職種の専門性・特定に応じて能力を発揮できるだけの期間を経過したかどうか

② 会社も支援したかどうか

③ 市場の状況が影響を与えたかどうか

④ 十分な処遇を与えられていたかどうか

　他方、高度の専門性とまではいえないものの、一定の専門性があって、職種を特定して労働契約が締結される場合があります。これを「専門職者」といいます。中途採用した主任クラスの専門職のような方です。この専門職者も職種を特定していることは専門能力者と同じです。

　しかしながら、専門能力者ほど高度な専門能力や知識を要求したり、そのような能力や知識が労働契約の内容となっていませんので、会社が期待した能力や知識がないからといって、直ちに債務不履行があるとして普通解雇というわけにはいきません。

　とすると、会社としては当該従業員に対して配置転換を命じて別の職種に従事させることも考えられますが、上記のとおり、職種を特定している以上、会社に一方的な配転命令権はないと考えます。

　ではこのような専門職者をどのように社内で活かしていくかです

55

が、一方的な配置転換を命じられないため、まずは配置転換を打診して当該従業員との合意をもって別の職種に配置転換するように努めるべきと考えます。その際、元々特定していた職種から配置転換する以上、併せて賃金等の処遇を下げた提案も検討すべきです。

そして、会社からの配置転換に応じてくれるようであれば、新たな職種でその能力、経験等を活かしてもらいましょう。ただし、配置転換後はその職種限定が外れましたので、元々要求していた一定の専門能力や知識の有無をその後は問題にし得ないことには留意すべきです。

他方、残念ながら配置転換の打診も断られた場合には、最終的に普通解雇をせざるを得ないと考えます。

会社としては当該従業員が元々期待していた職種での知識・能力がなく、債務不履行といえるような状況であったにもかかわらず、即座に普通解雇するのではなく、雇用保障の機会を与える意味で別の職種へ配置転換を打診しました。にもかかわらず、これも拒否したわけですから、会社としてはこれ以上如何ともし難いため、当該従業員を普通解雇するしかないと考えますし、そう考えたとしても社会的相当性も認められるでしょう。

ちなみに、専門能力者の能力不足を理由とした普通解雇の裁判例において、その専門分野の経験がなくても、専門能力者として職種を限定されて採用された以上、一定期間稼働してもなお、その求められている能力等が平均を超えていないと判断される場合には、「その職務遂行には不適当」、「その職務遂行に不十分又は無能」に当たると判断されたものがあります（プラウドフットジャパン事件　東京地判平12.4.26労判789-21　裁判例11）。

よって、未経験者であっても、専門的な能力を見込んで採用した場合には、必ず雇用契約書等で明確に職種を限定しておくべきといえます。

第2節　勤務態度不良者の場合

1 協調性が不足している

Q ある社員が「私はあの人と仕事をしたくありません」と言ってきました。配置転換ができるような規模でもなく、わがままを言われて困っています。

A 協調性不足は重大な普通解雇事由になります。普通解雇を検討するにあたっては、改善機会を付与することがポイントとなります。別の職場への配転、厳重注意を経て懲戒処分、普通解雇へと進みます。

「協調性不足」は重大な普通解雇事由となります。

　会社は一人ひとりの従業員が集団となって労務提供をすることにより、会社全体・組織として成果を上げることになります。とすると、その不可欠の前提として各従業員が他の従業員と協調性をもって業務を行うことが必要となります。

　ただし、普通解雇を検討するにあたっては、実質的に普通解雇事由に該当するか否か、すなわち客観的合理性があることに加え、社会的相当性、特に改善機会を付与したかどうかが問題となります。

　そして従業員に協調性がない場合に、いかにして改善機会を付与するかですが、働く環境やメンバーを変えて、一から人間関係を構築し直してもらうべく、別の職場へ配転することがよいと考えます。

　この配転で大事なことは、改善機会を与えるということですから、問題のある当該従業員には配転をする際に、明確に「あなたは今の職場で、周りの方々と協力して働けていませんでした。ただ、もしかしたらあなたと周りの方々とどちらが悪いということではなく、性格等が『合わない』だけかもしれないので、別の職場に配転してもらいます。ですから、別の職場では周りの方々と協力して働いてください」というように、「今の職場では協調性に欠けていたので、別の職場に移します。ちゃんと直してくださいね」ということを伝えてください。

　このことを端折って、または言いづらいからといって、当該従業員に対して、単に「配転します」と伝えるだけでは改善機会を与えたことになりませんので、改善機会の付与という観点からすると全く意味がありません。

　実務的にも、当該従業員が後から「前の職場で周りの方と上手くいっていないから配転する、ということなんて聞いていない」と言ってくるケースがよくありますので気をつけてください。

　そして、このようにして、配転したにもかかわらず、別の職場で別の従業員との間でも協力して業務ができない場合ですが、もう一度だけ、さらに配転を検討しましょう。

　ただし、その際には2度目の配転（3か所目の職場）になるわけですから厳重注意を行うとともに、直属の上司や監督者が当該従業員の現場における具体的言動につき、問題点はどこにあるのかを、その都度指摘して改善を求めるという再教育を施すべきであり、さらにそれを記録に残しておくべきです。

　そして、ここまでしても改善されなければもはや懲戒処分（戒告、譴責等の雇用契約の存続を前提とする処分）を検討せざるを得ません。懲戒処分でも効果が見られなければ、残念ながら当該会社の従業員としての適格性に欠けると言わざるを得ないため、普通解雇ということになります。

　ちなみに、会社としては、なかなか改善してくれない従業員に対して、注意指導または懲戒処分をする際に、当該従業員に「今後、同様のことをしたら、解雇されても異議申し立てをしません」という趣旨のことを誓約させることがよくあります。しかしながら、この注意指導や懲戒処分の趣旨・目的はまさに「改善してもらうこと」、「会社組織の一員として能力を発揮してもらうこと」にあります。

　とすると、「解雇」という雇用契約の解消を予定するような内容を誓約させることは、会社に当該労働者を真に改善させようという意向がないのではないかと疑われてしまいます。

　また、仮に裁判になった場合、裁判所も「解雇ありきだったのではないか」と疑うかと思います。

　さらに、そもそも解雇されてもいない段階で、「異議申し立てしない」との事前の権利放棄をしても、その意思表示としては、法的に無効と考えますので意味がありません。

　したがって、上記のような誓約をさせることはお勧めできません（あえてそのメリットを挙げるとすれば、当該従業員に対して退職勧奨をする際の説得材料となる程度でしょうか）。

　では大企業ではなく、中小企業の場合を考えてみましょう。

　中小企業は部署数の問題として、協調性のない方を直ちに配転することができる別部署などないのが実情だと思います。もちろん、配転することができる別部署があれば前述した大企業の場合と同様に、今の部署での働き方について問題のあることを十分に認識させた上で配転をしてください。

　他方、配転する部署がない場合には、まずは厳重注意をして、それでも改善されなければ懲戒処分を検討すべきです。そして、懲戒処分をしても改善が見られなければやはり普通解雇を検討することになりますが、大企業よりも改善機会の付与の程度や回数は少なくてよいと考えます。それは中小企業は大企業よりも、従業員間の人的関係が密

であり、協調性の有無は当該企業の従業員の適格性を考えるにあたって極めて重要な事項といえます。

また、中小企業の従業員は大企業と比べて中途採用の方が多いといえますが、中途採用の方であれば大企業における新卒採用とは異なり、いわば「会社組織における協調性の重要性」についてある程度は認識しているはずですから、その意味では一から改善機会を付与することまでは必要ないと考えます。

よって、別部署に配転できない中小企業においては、改善指導の機会の付与の方法としては、まずは厳重注意を行い、それでも改善されなければ懲戒処分を一度行い、その後は普通解雇を検討せざるを得ないと考えます。

以上が協調性のない従業員への対応ですが、懲戒処分や普通解雇をした後にこれを争われて裁判になることがあります。会社としては懲戒処分や普通解雇がいかに正当であったか（客観的合理性、社会的相当性）を裁判で明らかにしていくことになります。

ただし、「協調性を欠く」と言っても、「協調性」とは他の従業員との相関関係にある問題であり、また極めて抽象的な評価の問題です。そこで重要となってくるのが、協調性を欠くことの裏付けとなる当該従業員の行った過去の具体的な問題行為を、裁判所でいかに再現するかです。言い換えると、当該従業員の過去の問題行動につき、具体的に主張し、立証できるかが重要となります。

それには、裁判となった時点で事実関係を思い出して作文しても再現は難しいので、実際に協調性の欠く行動のあったときに、直属の上司がメモに残したり、同僚が電子メールや報告書により事実関係を残しておくことが重要です。

具体的にはいわゆる「5W1H」、すなわち、いつ、どこで、誰が、何を、なぜ、どのようにして、を意識して事実関係を残しておけばよろしいかと考えます。

　なお、当該従業員の具体的な問題行動とともに、これに対する注意
指導の内容、さらには当該従業員の反省姿勢までメモに記録しておき
ましょう。そうすれば、当該従業員の行った具体的な問題行動の内容、
注意指導の内容、さらには今後改善される可能性があるのか、ないの
かまで記録されることになり、その後の会社の対応を検討する判断材
料となります。

　裁判例でも、「債務者は……債権者の債務者代表者やその他従業員に
対する態度を改善するよう注意等を与え、あるいは債権者とその他従
業員との人間関係の調査・修復を図って努力した形跡は窺われない。」
「債権者を解雇することが真に止むを得ないものとまで言うには尚早
というべきであり、現段階では、本件解雇は、解雇権の濫用にあたる
ものとして許されないと言わざるを得ない。」（大和倉庫事件　大阪地
決平4.9.8　労判619-61　裁判例17）というように、会社は当該従業員
に対し、十分に改善機会を付与しないと、裁判所に「尚早」、すなわち
社会的相当性を欠くとして無効と判断されてしまうことに留意すべき
です。

2 積極性に欠ける

Q　社員Aは与えられた業務はこなしているのですが、自分の業
務が終わったときに追加の業務の有無を聞いてきたり、同僚
の業務を手伝ったりしようとせず、腹立たしく思っています。
注意指導しても改善する姿勢が見られません。どうすればよ
いでしょうか。

A　積極性に欠けることも勤務態度不良として**普通解雇事由**に
該当し得ます。債務不履行となることを本人に十分に認識させ、さ
らに改善するように指導することが不可欠です。

　自らに与えられた業務は遂行するものの、与えられた業務が終わった段階で、追加の業務を要求したり、同僚の業務を手伝わず、漫然と時間を費やして過ごしている従業員がいたりします。

　このような従業員の言い分は「自分に与えられたことはやっているのに何が問題なんだ」というところにありますが、程度問題はあるものの、このように積極性に欠けることも一つの勤務態度不良と評価され得ます。

　近時の裁判例でも、会社はこのような積極性に欠ける従業員に対し、フィードバック等を通じて積極性に欠けることについて改善を求め、これに対して当該従業員も会社からの指摘を認識していたにもかかわらず、「積極性」とは会社から自身に業務が与えられることを前提にするものであり、自身に業務が与えられないのであれば、そもそも積極性を発揮するのは不可能だという見解の下、一切改善しなかったという事案につき、「原告については、少なくとも就業規則……に定める解雇事由（社員の業務能率又は就業状況が著しく不良で就業に適さないと会社が認めた場合）があり本件解雇には客観的に合理的な理由があるといえる。」と客観的合理性を認めました。

　さらに「原告の解雇事由がそのような業務に臨む基本的かつ根本的な姿勢の問題であり、これを長年にわたって繰り返されたフィードバック等による指摘によって容易に認識し得たにもかかわらず、PIP（業務改善プログラム）で改善すべき点を示されるまで全く明らかにされてこなかったなどとしてもそもそもの認識すら欠如していたこと、仕事の姿勢に対する基本的かつ根本的な会社の考えを明らかにされてもなお『積極性』の意味を手前勝手に解釈してこれに反する考えを一切受け容れないこと、そのような原告に対して被告において普通解雇の可能性を示唆しつつPIPを実施したことや退職勧奨を試みたこと等を併せ鑑みれば、本件解雇は社会通念上相当なものであるといえる。」というように社会的相当性も認め、本件解雇は有効と判断されました

（アクセンチュア事件　東京地判平30.9.27　労経速2367-30）。

　このように積極性に欠けることも勤務態度不良として普通解雇事由に該当し得るとのことですが、他の勤務態度不良の態様と比較して、自己に与えられた業務は遂行している以上、債務不履行とは評価しづらく、また本人も認識しにくいため、本人にそのことを十分に認識させ、さらに改善するように指導することが不可欠といえます。

　上記裁判例でも長年にわたり繰り返し行われたフィードバックやPIPによって「積極性」が欠けていることにつき、改善の機会を付与したことが評価されています。

　なお、勤務態度不良者に対しての改善指導の手法は一般的に懲戒処分となりますが、上記裁判例ではPIPであることは実務対応において参考になると考えます。

　さらに、退職勧奨も社会的相当性を支える一つの事情と評価されている点も重要です。会社側の事情で解雇する場合、すなわちいわゆる整理解雇を検討する場合には、解雇回避努力義務を尽くしたかどうかの検討要素として、希望退職募集の有無や退職勧奨の有無が挙げられます。本件のような労働者側の事情で解雇する（狭義の）普通解雇でも退職勧奨を行って普通解雇を回避しようとしたことが社会的相当性を認めた一つの事情となったことも実務対応において参考になると考えます。

3　欠勤が多い

Q ある社員がたびたび欠勤をしており、迷惑しています。病気というわけではなく、朝、気分が乗らないと休みたくなるのだそうです。今のところ有給休暇で対応していますが、有給がなくなっても欠勤するようなら解雇できますか。

A 出勤不良の場合も普通解雇事由になり得ます。出勤率が８割に満たないほどに欠勤すれば普通解雇事由に該当すると考えられますが、数字だけでなく欠勤の理由も重要です。必要に応じて診断書の提出命令が出せるように就業規則で規定しておくことも大切です。

　出勤不良、すなわち欠勤が多いということも普通解雇事由になり得ます。

　どのくらい欠勤していれば普通解雇事由に該当するかですが、単純に「数字」だけで考えるのであれば、一つの目安としては出勤率が「８割」に満たないほどに欠勤すれば普通解雇事由に該当すると考えます。この数字は、有給休暇の発生との関係で考えられるものです。

　すなわち、有給休暇は労基法上、８割の出勤率で発生します。言い変えると８割出勤すれば、「ご褒美」としての賃金まで保障される年次有給休暇がもらえることになります。

　このようなご褒美をもらえるだけの出勤をしているにもかかわらず、他方で普通解雇事由に該当するということは基本的に法が予定していないと考えます。ただ、この「数字」以上に重要なことは、普通解雇が有効となるための社会的相当性、すなわち、「どのような理由・事情」で欠勤することになったか、です。

　例えば、仮に8割の出勤率に大幅に満たないような私傷病による連続欠勤であっても直ちに普通解雇となるわけではありません。

　これは欠勤の日数だけではなく、欠勤に至った理由が重要だからです。すなわち、私傷病によって長期に欠勤したりしても欠勤することはやむを得ないとして、約束違反（債務不履行）ではあるものの、一足飛びに普通解雇まですることは、社会的相当性を欠くとして難しいと考えます。

　他方、単なるサボりや詐病により頻繁に欠勤したり、長期に欠勤したような場合には通常、懲戒処分をして改善を促すものの、それでも改善されないような場合には、客観的合理性と社会的相当性があるとして普通解雇が認められる可能性が十分にあります。

　このように、単に「欠勤」「債務不履行」という外形だけではなく、そこに至った事情、理由が普通解雇を考えるにあたって重要となるのです。ただし、誤解してはならないのは事情や理由はどうであれ、労働者は労働日において労務を提供する義務を負っていることから、欠勤する権利はありません。また、労働者は労務提供義務を履行していない以上、会社は反対債務である賃金支払義務を履行する必要はありません。すなわち「ノーワーク・ノーペイの原則」です。

　そのため、労働者が会社に「風邪なので休みます」と連絡してきた場合であっても、本来は労務提供義務がある以上、出社しなければならないはずです。ただし、会社が当該労働者に対して、四角四面に出社命令をした場合に、実際に風邪で出社できないような体調であれば、その出社命令は濫用として無効となります。

　そこで会社にとっては、当該労働者が本当に風邪で出社できないのかどうかが重要であるため、会社としては診断書の提出命令が出せるように就業規則で規定しておくべきです。

　具体的には、次のような規定になります。

【規定例】

> 　会社は、従業員が私傷病を理由に欠勤する場合、その必要性に応じて、医師の診断書の提出を求めることがある。

　さらに、その診断書の内容に疑義が生じた場合に備えて、会社の指定する医師の受診を求める規定も明記しておくべきです。ただし、1日だけの欠勤の場合や、普段から真面目に勤務しているような労働者に対して診断書提出命令や指定医の受診命令を出しても濫用として無効になる可能性が高いです。

　あくまでも普段から勤怠が不良の従業員で、客観的に見て、診断書の提出を命じる必要性のある場合に初めて、以上のような命令を検討すべきです。

　そして、従業員が欠勤した場合に、賃金の問題と懲戒処分（さらには普通解雇）の問題とは区別して考えなければならず、前者はその理由や事情がどうあれ、「ノーワーク・ノーペイの原則」により無給となります。

　なお、裁判例では、会社が4か月半ほど欠勤した従業員に対し、繰り返し診断書の提出を求める等の対応をしたことを評価して、普通解雇を有効としたものがあります（建設技術研究所事件　大阪地判平24.2.15　労判1048-15　**裁判例19**）

4　反抗的態度を繰り返す

Q　日頃から勤務態度の悪い従業員がいます。何度か注意指導をしたのですが、そのたびに反抗的な態度をとり、改善しようとしないので困り果てています。

A　注意指導に対して反抗的態度をとる場合は、改善しようという姿勢がないと言わざるを得ません。改善機会の付与の程度は通常よりも低くても、普通解雇の社会的相当性を満たす場合もあると考えます。

　勤務態度不良者の中には、何かにつけて反抗する者もいます。

　使用者が従業員の勤務態度が悪いことにつき、具体的に問題点を指摘した上で注意指導しているにもかかわらず、言い訳や反抗的態度をとるのであれば、当該従業員にはもはや改善しようという姿勢がないと言わざるを得ません。

　よって、このような従業員については改めて懲戒処分等の明確な改善機会の付与をすべきではありますが、そもそも反抗的態度をとっている以上、その改善機会の付与の程度は通常よりも低くて構いませんし、その意味では一度でも懲戒処分をすれば、普通解雇の社会的相当性を十分に満たす場合もあると考えます。

　ただし、実務では勤務態度不良者につき、使用者としてはもはや改善の見込みがないとして普通解雇をしたところ、「拙速」として無効との裁判例が多数存在することには十分に留意すべきです（セネック事件　東京地決平23.2.21　労判1030-72　裁判例20）。

　他方、会社が小規模零細で改善機会の付与が難しい場合には、仮に大企業では改善機会の付与が不十分といえる程度のものであっても、普通解雇が有効となる場合があることにも留意してください。

　近時の裁判例でも、従業員20名弱の小規模会社において、当該従業員（原告）が送るメールに上司（B）をCCで入れないようになり、これに対し、代表取締役（C）が当該従業員に対し、何度も上司をCCで入れるようにと命じたにもかかわらず、あえて繰り返しCCに上司を入れないようにした結果、会社に業務遂行に不利益が生じたとして普通

解雇した事案において、普通解雇を有効としたものがあります。

　すなわち、「電子メールのCCに必ずBのメールアドレスを入れるように との指示は、上司であるBが部下である原告の担当する業務の内容やその進捗状況等を、原告の主観的な判断による取捨選択や報告を待たずに、早期かつ全般的に把握できるようにするという目的において合理的なものと解され、また、原告に大した労務負担を生じさせるものではないことに照らせば、被告の代表取締役社長の従業員に対する業務上の指示として不合理なものとは認められず、被告にとって、その従業員たる原告に遵守させる必要性のある合理的な指示と認められる。したがって、被告の従業員である原告としては、特段の正当な事由がない限り、この業務上の指示に従ってしかるべきであったと解される。」と、本件では特段の正当な事由は認められず、さらに「原告は、業務上の指示、命令違反を繰り返した結果、Cから本社への電子メールの送信等を禁じられた後ですら、Cらの指示には従うと言いつつも、『様子を見る』との旨述べ、ここに及んでもなお、Cの上記指示及び命令に無条件には従わない姿勢を明らかにしていたことが認められる。そして、原告が本件解雇当時33歳という分別のあるべき年齢であったことを併せて考慮すれば、既に述べた本件解雇に至った経緯をもって、原告に対する指導や教育等が原告を解雇するに不十分であったとは認められない。

　また、以上に述べたところのほか、被告が代表取締役社長を含めて従業員20名弱という小規模な会社であることに照らせば、被告が原告に対し本件解雇以外の手段をとることは困難であったと認められる。」というように、会社規模及び年齢等に鑑みて、特に懲戒処分をせずとも改善機会の付与としては十分であると評価して、普通解雇を有効と判断しました（シリコンパワー事件　東京地判平29.7.18　労経速2334-22）。

5 妊娠等に近接して解雇を行う場合

Q 当社では女性社員Aを勤怠不良で普通解雇しました。たまたまAは妊娠しており、本人には妊娠が解雇の理由ではないと説明したものの、妊娠が原因の解雇であったかのような噂が社内に流れてしまい苦慮しています。

A 妊娠等に近接して行う普通解雇は、勤怠不良が理由であれば理論上は可能です。しかし、妊娠等が理由ではなくても、実務的には企業の評判に悪影響を及ぼす場合もあり、また、裁判では解雇が無効と評価されることもあり得るため、極めて慎重に判断すべきです。

　確かに妊娠等が理由ではなく、勤怠不良が理由であれば、理論上は普通解雇もあり得ますが、実務的にはレピュテーションリスク（企業に対するマイナスの評判が広がる）等に鑑みて、極めて慎重に判断すべきと考えます。

　この点について、近時の裁判例でも、「……均等法9条3項及び育休法10条は、労働者が妊娠・出産し、又は育児休業をしたことを理由として、事業主が解雇その他の不利益な取扱いをすることを禁じている。一方で、事業主は、客観的に合理的な理由があり、社会通念上相当であると認められる場合には、労働者を有効に解雇し得る（労働契約法16条参照）。

　……そして、解雇が有効であるか否かは、当該労働契約に関係する様々な事情を勘案した上で行われる規範的な判断であって、一義的な判定が容易でない場合も少なくないから、結論において、事業主の主張する解雇理由が不十分であって、当該解雇が客観的に合理的な理由

を欠き、社会通念上相当であると認められなかった場合であっても、妊娠等を近接して行われたという一事をもって、当該解雇が妊娠等を理由として行われたものとみなしたり、そのように推認したりして、均等法及び育休法違反に当たるものとするのは相当とはいえない。

　他方、事業主が解雇をするに際し、形式上、妊娠等以外の理由を示しさえすれば、均等法及び育休法の保護が及ばないとしたのでは、当該規定の実質的な意義は大きく削がれることになる。もちろん、均等法及び育休法違反とされずとも、労働契約法16条違反と判断されれば解雇の効力は否定され、結果として労働者の救済は図られ得るにせよ、均等法及び育休法の各規定をもってしても、妊娠等を実質的な、あるいは、隠れた理由とする解雇に対して何らかの歯止めにもならないとすれば、労働者はそうした解雇を争わざるを得ないことなどにより大きな負担を強いられることは避けられないからである。

　このようにみてくると、事業主において、外形上、妊娠等以外の解雇事由を主張しているが、それが客観的に合理的な理由を欠き、社会通念上相当であると認められないことを認識しており、あるいは、これを当然に認識すべき場合において、妊娠等と近接して解雇が行われたときは、均等法９条３項及び育休法10条と実質的に同一の規範に違反したものとみることができるから、このような解雇は、これらの各規定に反しており、少なくともその趣旨に反した違法なものと解するのが相当である。」（シュプリンガー・ジャパン事件　東京地判平29.7.3労判1178-70）と判示しているように、妊娠等に近接した解雇はこれが無効となると、同時に均等法９条３項及び育休法10条の趣旨に反した違法なものと評価され得るということには十分に留意すべきといえます。

第3節　健康不安者の場合

1　定期健康診断を受診しない

Q　業務多忙などいろいろな理由を付けては定期健康診断を何年も受診しない者がいます。また、要再検査の結果を放置し、一度も再検査に行かない者もいます。会社としてどのように対応すればよいでしょうか。

A　会社は、労働安全衛生法により従業員に定期健康診断を受診させる義務があり、また、健康状態が把握できないまま就労させて病気等が悪化すれば安全配慮義務違反に問われかねません。定期健康診断を受診しない者には懲戒処分や無給を前提とした労務提供の受領拒否をすべきでしょう。

　他方、会社は、従業員に再検査に行くように命ずる権限はないので、命令違反による懲戒処分という対応はとれず、労務提供の受領拒否で対応することになります。

　会社は従業員に成果を出してもらう前提として、従業員が健康でなければなりません。そして、労働安全衛生法で事業者に義務づけられている定期健康診断の実施を通じて、会社は従業員の健康状態を把握するよう努めることになっています。

　よって、定期健康診断の受診は非常に重要であり、仮に従業員が定期健康診断の受診を拒否するようであれば、懲戒処分に付すべきと考

えます。

　もっとも会社は従業員の健康状態がわからないわけですから、その
まま就労させて当該従業員の病気や基礎疾患等が悪化するような場合
には安全配慮義務違反を問われかねませんので、懲戒処分に付すかど
うかはさておき、労務提供の受領を拒否すべきと考えます。その際に
は、従業員側の帰責性により就労できないわけですから、原則として
賃金を支払わなくてよいと考えます。

　他方、定期健康診断を受診した結果、「要再検査」等の診断がされた
場合の会社の対応ですが、まずは、会社は当該従業員に再検査を受け
るように促すべきです。

　労働安全衛生法上、会社はあくまで定期健康診断を受診させなけれ
ばならないというところまでが義務であり、さらに再検査を受けさせ
なければならないという義務はないわけですから、再検査を拒む従業
員に業務命令をもって再検査を受けるようにすることはできないと考
えます。

　ただし、医師から再検査を受けるようにとの診断が出ているわけで
すから、会社はそのまま労務提供を受け取るわけにはいきませんので、
この場合も再検査の結果、就労に問題がないという結論が出るまで賃
金の支給なしに労務提供受領拒否をすべきと考えます。

2　精神疾患が疑われる

Q　当社には、その言動から精神疾患が疑われる従業員がいま
す。業務に支障をきたしており、精神科の受診を勧めました
が、自分は病気ではないと言い張って受診を拒否しています。
業務命令として受診させたり、通院させたりすることはでき
るのでしょうか。

A　客観的に精神疾患が疑われる場合、就労できるかどうかの確認のために受診を命じることは正当な業務命令といえます。従業員がこれを拒否することは懲戒処分の対象となり得ます。

　ただし、会社は労務提供の受領を拒否すれば足りるので、さらに通院を命ずる権限まではありません。

　まず、会社としては専門医の受診を命じて、実際に就労できる健康状態なのかを確認したいところですが、そもそも会社が従業員に受診を命ずることができるかが問題となります。

　この点につき、上司や同僚の「思い込み」ではなく、その発言内容や行動等から客観的に精神疾患が疑われるのであれば受診を命ずることができると考えます。

　裁判例でも、従業員の傷病が私傷病なのか業務災害なのか判断しかねた事案において、会社は従業員に対して就業規則に受診命令権がなくても、信義則ないし公平の観念に照らして合理的かつ相当な理由のある措置として、指定医の受診を命ずることができると判断しています（京セラ事件　東京高判昭61.11.13　労判487-66　 **裁判例24** ）。

　ただし、この裁判例は特殊な状況を前提とした判断ですので、受診命令権はあらかじめ就業規則に規定しておいたほうが望ましいです。

【規定例】

> 　会社は、従業員が私傷病を理由に欠勤、または通常の労務提供の不履行の場合、医師の診断書の提出を求めることがある。

　次に問題となるのが、会社が従業員に対して、受診命令をしたにもかかわらず、当該労働者が受診を拒否した場合です。

　この場合には、会社は当該従業員の言動等から客観的に精神疾患が疑われるわけですから、就労できるかどうかの確認のために受診を命

じており、これは正当な業務命令といえます。とすると、従業員がこれを拒否することは正当な理由のない業務命令違反といえます。

　よって、これは懲戒処分の対象となり得ます。

　また、専門医等によって、当該従業員が就労可能かどうかの判断をしてもらっていないわけですから、当該従業員がいくら働きたいと言っても、会社は当該従業員の労務提供の受領を拒否することもできると考えます。このように考えても、当該従業員は受診すればいいわけですから、当該従業員にとって酷とはいえません。

　さらに、会社は従業員に対して、精神疾患を治すために通院を命ずることまでできるかですが、会社としては当該労働者が働けるかどうか不明の場合には、労務提供を受け取らないということで対応できるわけですから、会社が当該労働者に対して通院を命ずることまでは不要であり、あくまでも通院を促すに止めるべきと考えます。

　よって、当該従業員が自主的に通院するものであり、会社が当該従業員に通院まで命じられるものではないと考えます。

3　体調不良の原因を業務上のストレスと主張する

Q　体調不良により欠勤中の従業員から「業務上のストレスによって体調を崩した。これは業務災害だから欠勤中の賃金を保障し、慰謝料を払ってくれ」と言われました。会社としては業務災害かどうか判断できるものではなく、対応に苦慮しています。

A　会社が業務災害か否かを判断できない場合には、労働基準監督署にその判断を委ねるべきです。労基署が検討している状況下では、あくまでも私傷病として扱い、欠勤、休職、さらには治癒しなければ当然退職という対応をせざるを得ません。

　当該従業員が単に「業務上のストレスで体調を崩した」と言っている限りでは、特に対応のしようがありませんが、それを超えて「故に業務災害だ。会社として賃金を保障すべきだ。慰謝料を支払うべきだ」と要求してきた場合に、会社としても当該従業員に対して回答する必要が出てきます。

　この場合、会社が積極的に業務災害か否かを判断すべきかどうかが問題となりますが、確かに職場での事故による明らかな身体的故障等であれば、業務災害であることが明らかといえます。そのような場合であれば、会社も業務災害を認める方向で労働基準監督署に労災申請を行い、従業員が労災保険給付を受けられるように対応すべきと考えます。

　他方、身体的故障であっても会社が業務災害かどうか判断できないものもありますし、さらには精神疾患であればなおのこと会社は業務災害か否かの判断に必要な業務起因性及び業務遂行性の有無につき判断できません。

　もはやこのような場合であれば、会社は労働基準監督署にその判断を委ねるべきであり、また委ねるしかないと考えます。ただ、会社の認識する事実関係や考え方は労働基準監督署に積極的に伝えておくべきですので、文書を作成し、申請書と併せて提出すべきです。

　では労働基準監督署が当該申請につき、検討している状況下において、会社はどのような対応をすべきかですが、上記のとおり、会社は積極的に業務災害であると判断できない以上、業務災害と扱うことはできません。

　そこで、会社としてはあくまで私傷病として扱い、欠勤、休職、さらには治癒しなければ当然退職という対応をせざるを得ないと考えます。ただし、労働基準監督署が後日、業務災害と判断したのであれば、会社は遡って私傷病から業務災害へと取り扱いを変更すれば十分です。

　欠勤中の従業員の日々の取り扱いについて、保留にし続けるわけにはいきませんので、判断できなかったら労働基準監督署に判断を委ねるとともに、会社は私傷病として扱っていくということが重要と考えます。

4　私傷病で復帰の見込みが立たない

Q　従業員Aは脳梗塞により意識がなく、戻る見込みがないという話です。Aの家族が休職に入れてほしいとお願いしてきましたが、休職させなければならないのでしょうか。

A　私傷病によって長期間就労できない場合は、就業規則で定めた休職期間中に傷病が治癒して労務提供できる状態に戻れる見込みがあれば休職に付するべきであり、休職期間満了までには治癒することが困難で、従前の労務提供を行うことができないのであれば普通解雇を検討すべきです。

　ただし、その判断に迷ったら、あえて普通解雇を猶予する休職制度を規定しているわけですから、まずは休職に付するべきです。

（1）私傷病欠勤への原則的対応

　そもそも私傷病を理由とした欠勤は、労働契約の債務不履行であり、これが長期間にわたるということになれば重大な約束違反ですから本来、普通解雇事由になります。

　会社も普通解雇事由として「身体または精神の障害等により業務に耐えられないとき」というように規定しているはずです。

　しかしながら、日本においてなるべく長く雇用を維持すべきとの長期雇用システムの下、私傷病を理由とした長期欠勤は、まずは普通解

雇猶予規定である休職を検討すべきです。

　ただし、休職期間中に治癒することが困難な私傷病であれば、休職期間満了まで待ってみても、結局は休職期間満了によって雇用契約が終了するわけですから、このような場合には休職に付することなく普通解雇を検討すべきと考えます。

　よって、ある従業員が私傷病によって長期間にわたって就労ができないようになった場合に、休職に付するのか、それとも普通解雇とするのかは、就業規則で定めた休職期間中に私傷病が治癒して労務提供できる状態に戻る蓋然性があれば休職に付するべきであり、他方、休職期間満了までには治癒することが困難で、従前の労務提供を行うことができない場合は普通解雇を検討すべきです。

（2）休職か解雇か判断を迷うときの対応

　では「迷ったら」どうするかですが、ここは原則に戻って休職に付するべきと考えます。

　といいますのは、休職期間は一般的に数か月間あるかと思いますが、数か月もあれば「治癒して労務提供できる状態に戻る蓋然性」がある私傷病はそれ相応にあるでしょうし、これを一足飛びに普通解雇して実際に休職期間内で治癒していたという場合には無効となってしまうからです。

　この点について裁判例でも、精神的な不調のために欠勤を続けている従業員については休職等の処分等を検討することなく直ちに契約解消（裁判例では諭旨退職）とするのは適切なものとは言い難いと判断しています（日本ヒューレット・パッカード事件　最判平24.4.27　労判1055-5　裁判例25）。

　他方、問題行動が精神疾患によるものではないかと疑われた事案において、休職に付することなく普通解雇した近時の裁判例では、「確かに、被告は、原告に対して休職の措置をとることなく本件解雇を行っ

たものであるが、原告から休職の申出がされたことは窺われない上、前記前提事実のとおり、被告の社員就業規程においては、被告が休職を命じるためには、業務外の傷病による勤務不能のための欠勤が引き続き1か月を超えたこと、又は、これに準ずる特別な事情に該当することや、医師の診断書の提出が必要とされているところ、原告が1か月を超えて欠勤した事実は認められず、また、証拠……によれば、被告は、原告に対して病状等を照会したものの、原告の精神疾患の有無や内容、程度及び原告の問題行動に与えた影響は明らかにならなかったというべきであるから、原告に対して休職を命じるべき事情は認められない。」というように、そもそも休職の要件を満たさないので休職に付さなくてもよいと判断されました。

　ただし、本件事案は当該従業員の勤怠不良が著しいため、度重なる改善指導、譴責、出勤停止及び降格という3回にわたる懲戒処分を経た上で普通解雇としたものの、他方で会社は当該従業員に通院加療等を命じており、その点も踏まえて「被告は、問題行動に対して懲戒処分や指導を行っていたほか、精神科医への受診及び通院加療等を命じるなどしているのに対し、原告は、継続的な通院を怠り、問題行動を繰り返しているのであるから、これらの事情を考慮すると、被告において休職の措置をとることなく本件解雇に及んだとしても、解雇権を濫用したということはできない。」というように、当該従業員に対する体調面に配慮したことも評価した上で、休職に入れずに行った普通解雇を有効としています（ビックカメラ事件　東京地判令元.8.1　労経速2406-3）。

　したがって、実務対応としても、精神疾患から問題行動が疑われているような場合には、休職要件を満たさないとしても、一定の配慮もなく、一足飛びに普通解雇をした場合には、社会的相当性を欠くとして普通解雇が無効となるおそれがあることにはご留意ください。

（3）主治医の面談の重要性

　従業員に休職を適用する際に気をつけなければならないこととして、そもそも休職に付するべきかどうかを判断するにあたって、まずは主治医の診断書を提出させることとなりますが、特に精神疾患の場合にはその主治医の面談を求めるべきです。

　一般的に、身体的故障よりも精神疾患のほうが、どのような病気で、治療期間がどの程度かかるのか、特に気をつけておくべきこと等のイメージがしにくいことから、主治医と面談して確認しておくことが重要です。

　また、このように会社担当者が休職の「入口場面」において、主治医と面談し、「牽制」しておくことにより、主治医が当該従業員やその家族からの「復職希望」を安易に受け入れることを抑制し、公正・適正な判断が期待できるという意味もあります。

　他方、従業員が、会社担当者の主治医面談を拒否するような場合には、その診断書が主治医によりどのような状況で作成されたかわかりませんので、会社としても診断書を額面どおり鵜呑みにすることはできません。この場合には、会社は代替措置として従業員に会社の指定する医師の診断を受けるように命ずることになります。

　さらに、従業員が会社指定医の診断すら拒否した場合には、従業員は会社からの許可なく欠勤したとの評価になり、このような欠勤が続けば懲戒処分、さらには普通解雇を検討せざるを得ないと考えます。

（4）休職規定がない会社の場合

　他方、仮に休職規定がないような会社の場合はどうすればいいのでしょうか。

　このような会社において解雇猶予制度である休職規定がないことから、数日間の欠勤をもって普通解雇してよいのかが問題となります。

普通解雇には社会的相当性が必要であり、ここでいう社会的相当性とは、病気を改善する機会の付与と考えますので、休職規定がなくとも一定期間の欠勤は許容すべきです。

　具体的な期間につきましては、会社規模等にもよりますが、少なくとも2、3か月間は猶予すべきかと考えます。

5　休職中の社員からの復職の申出

Q　病気休職中のある社員が「復職したい」と申し出てきました。当社には病気休職から復職した前例もないため、どのように判断したらよいかわかりません。また、復職の際はリハビリ勤務なども必要になるのでしょうか。

A　通常労務提供が可能なまでに治癒していることが復職判断の基準となります。ただし、休職期間途中時点ではなく、休職期間満了時点での判断であれば、雇用契約が終了するかどうかの問題となりますので、柔軟に判断すべきです。そして主治医等の判断を踏まえて、最終的な復職判断は会社が行います。なお、リハビリ勤務は原則として認めるべきではありません。

（1）復職の可否判断

　まず、復職可能かどうかを判断するにあたっては、①主治医作成の診断書、②主治医との面談、③産業医からの意見等により判断すべきです。そして、会社と労働者との間で締結した労働契約に基づく、労働者の「約束」内容ですから、通常労務提供が可能なまでに治癒していることが復職判断の基準となります。

　ただし、仮に主治医が「復職可能」との診断をしたとしても、「出勤

可能」や「軽作業なら可能」といった意味合いのものも多いため、復
職申請に対しては必ず本人と面談し、真に「復職可能」であるのかを
確認する必要があります。その際、主治医の「復職可能」の診断に疑
問が残る場合には、本人の同意を得て、主治医と面談をしてください。
それでも「復職可能」との判断に疑問があれば、会社指定の専門医を
受診させ、産業医の意見ももらいましょう。その上で、最終的な復職
判断は以上の医師等の判断を踏まえて、会社が行うことになります。

　次に、休職原因消滅についての立証責任が会社と労働者のいずれに
あるかが問題となりますが、近時の裁判例では「被告の就業規則は、
休職中の者が休職期間を満了してもなお復職不能のときは休職期間満
了をもって退職することとしており、被告における休職制度は、休職
期間中の使用者による解雇を制限し労働者の地位を保全するものであ
るということができる。

　そうであるとすれば、休職期間が満了する前に休職原因が消滅した
ことについては、労務の提供ができなかったにもかかわらず解雇権を
留保されていた労働者が主張立証責任を負うと解するのが相当であ
る。」（綜企画設計事件　東京地判平28.9.28　労判1189-84）というよう
に、休職が普通解雇猶予制度であることを前提として、労働者側が積
極的に「治癒した」ことを主張立証しなければならないとのことであ
り、実務対応において非常に参考となる裁判例です。

　また、主治医と産業医の判断が分かれる場合で、例えば主治医は「復
職可能」と判断したものの、産業医は「復職不可」と判断したような
場合です。

　主治医は当該従業員の定期的な通院を通じて、病状や回復度合いを
適宜確認していることから、主治医の判断が尊重されるべきとも思い
ます。ただ、当該従業員やその家族から病状はさておき、復職を懇願
されるようなケースがよく見られ、そのような場合に主治医としては
その希望を慮って「復職可能」という判断をしてしまうおそれも否め

ません。

　一方、産業医は会社の業務内容等を熟知しているため、当該従業員の「病状」のみならず、「業務」との関係で就労できるかどうかを判断できるため、その意味では産業医の判断を十分に尊重すべきだと考えます。

　近時の裁判例においても、休職期間満了時点において、産業医及びメンタル専門医が復職不可と判断しているものの、主治医は復職可能と判断した事案において、主治医の当該判断につき、取り入れるのは相当でないとしたものがあります。

　すなわち、「主治医の就労可能という見解……は、リワークプログラムの評価シートを参照しておらず、リワークプログラムに関与した医師の見解等を踏まえないものである上、患者の職場適合性を検討する場合には、職場における人事的な判断を尊重する旨述べていること等の内容自体に照らし、必ずしも職場の実情や従前の原告の職場での勤務状況を考慮した上での判断ではないものである。

　また、主治医の意見書……に添付されているカルテ等は、……原告の療養休暇取得から休職期間満了までの約3年間にわたり、主治医においてどのような診断に基づいていかなる治療をし、原告の症状にどの程度の改善がみられたのかなどの客観的な診療経過を把握することができない。

　以上の諸点に照らせば、原告が就労可能な程度に回復したか否かという判断に当たり、主治医の就労可能という見解を参酌することは相当でない。」と判示しました（東京電力パワーグリット事件　東京地判平29.11.30　労経速2337-3、労判1189-67）。

　そして、会社は主治医及び産業医の見解を踏まえても、復職可能かどうかが判断できないようであれば、無理に復職させてもその後就労できないとなると、新たなトラブルの種になるため、その場合には休職期間を3か月程度延長すべきと考えます。

　なお、休職期間途中時点での復職問題であれば、仮に復職を認めなくても、労働者はそのまま休職を続けて療養すればよく、直ちに雇用契約が終了するわけではありませんので、復職可能かどうかの判断は休職期間満了時点での判断よりも厳格に行うべきです。

（2）リハビリ勤務

　なお、労働者からリハビリ勤務を要求されることもありますが、リハビリ勤務はさせるべきではありません。というのは、会社は労務提供の場所であって、治療の場ではないからです。また、通常労務提供が可能なまでに治癒していない状況でリハビリ出勤を認め、それによって症状が悪化した場合には、会社は責任を問われることとなります。さらに、労災適用の問題等も生じますし、加えて賃金支払い義務の問題も生じます。

　リハビリ勤務（部分就労）に関して、裁判例でも「……その性質自体をみれば、職場復帰に向けた訓練であって、たとえ軽微であるにしても労務の提供それ自体を直接目的とする行為とはいい難く、……使用者は、……労働者の安全や健康に配慮し、健康を損なった労働者の回復・復職に向けて配慮すべき信義則上の義務を負うものと解されるが、健康を害した労働者に対し使用者がすべき配慮の内容は具体的事情を離れて一義的に決まるものではなく、信義則を根拠として事情の如何を問わず一律に部分就労をさせるべき法的義務が発生するものとも解されない。」、「……被控訴人からリハビリ就労を求められた控訴人において、休職事由が消滅したものと判断せず、部分就労をさせない対応をしたことが、使用者としての信義則上の義務に違反するものと認めることができない。」と判示し（学校法人専修大学（差戻審）事件　東京高判平28.9.12　労判1147-50）、会社にリハビリ勤務（部分就労）をさせる義務はないと判断しました。

　また、別の裁判例では賃金に関して、「本来の業務に比べ軽易な作業

であったとしても、使用者の指揮監督下に行われた『労働』（労基法11
条）に該当するのであれば、最低賃金法の適用により、これが契約内
容となる結果、賃金請求権が発生する」と判示されました（NHK（名
古屋放送局）事件　名古屋高判平30.6.26　労判1189-51　**裁判例29**）。
　以上のことに鑑みると、原則としてリハビリ出勤は認めるべきでな
いと考えます。

　なお、参考までに休職関係の就業規則例を挙げておきます。
【規定例】

> 　第○条　休職
> 1　会社は、従業員が次の各号の1つに該当するときは、休職を
> 　命ずることがある。……
> 　①　業務外の傷病により欠勤し、欠勤日より2か月経過して
> 　　も、その傷病が治癒しないとき。なお、治癒とは、民法第493
> 　　条に定める債務の本旨に従った弁済（本旨弁済）ができる状
> 　　態、すなわち、従来の業務を健康時と同様に通常業務遂行で
> 　　きる程度に回復することを意味する。……
> 　※民法第493条本文「弁済の提供は、債務の本旨に従って現実
> 　　にしなければならない。」
>
> 　第○条　休職期間中の取扱い
> 1　休職期間中は無給とする。……
>
> 　第○条　復職の取消
> 1　従業員が復職後6か月以内に同一ないし類似の事由により
> 　欠勤ないし通常の労務提供をできない状況に至ったときは、復
> 　職を取り消し、直ちに休職させる。

> 2　前項の場合の休職期間は、復職前の休職期間の残期間とする。ただし、残期間が3か月未満の場合は休職期間を3か月とする。……

6　繰り返し休職申請をする

Q　メンタルヘルス疾患で休職を繰り返す従業員がいます。復職しても、1年も経たないうちに再度休職を申請してきます。当社の規定では半年以上の間を空ければ再休職が可能であり、形式的には休職の要件を満たしています。だからといって、何度でも休職を認めなければいけないのでしょうか。

A　私傷病欠勤は労働者の債務不履行であり、本来は普通解雇になるところ、例外的に解雇猶予制度である休職に付するものです。したがって、何度も休職を繰り返す場合には、もはや休職に付さずに普通解雇により雇用契約を終了できます。

　確かに、休職の要件を満たすのであれば、繰り返し休職に付さなければならないようにも思えます。しかしながら、私傷病欠勤は労働者の債務不履行であり、本来は普通解雇になるところ、雇用保障を図るべく、例外的に解雇猶予制度である休職に付するということを忘れてはなりません。

　よって、具体的状況にもよりますが、少なくとも「何度でも」休職に付さなければならないとは考えられません。

　この点に関連して、近時の裁判例でも、約12年間のうち、3回の休職に付された結果、実際に就労したのはわずか約2年11か月だったことを前提に、4回目の休職申請をしたところ、「被告会社は、原告に

対し、4回目の休職を命じることなく、原告が就業規則……の『精神または身体上の故障のため、業務に堪えられない時』に該当するとして、本件解雇を行ったことは、客観的に合理的理由を欠くとはいえず、また、社会通念上相当であると認められる。」（三洋電機ほか1社事件大阪地判平30.5.24　労判1189-106）と判示しました。

　この裁判例は極端かもしれませんが、会社規模、当該労働者の在職期間及び休職期間等を考慮して、少なくともある時点に至れば、もはや休職に付さずに普通解雇により雇用契約を終了できるということは理解しておくべきといえます。

第4節　私生活の不安定

1 痴漢で逮捕された

Q ある社員が痴漢で逮捕されたとの連絡が入りました。このような非行は許されないと思います。直ちに懲戒解雇しても問題ないでしょうか。

A 私生活上の非行は不問に付すのが原則です。例外的に、事業活動に直接関連を有していて企業の利益を害したり、企業の社会的評価の毀損をもたらしたりするような非行であれば、企業秩序違反と評価でき、懲戒対象となります。

　いわゆる企業外非行ですが、この類型が社会一般や経営者の感覚と法律（裁判所）の考え方と最もずれるものといえます。

　社会一般の感覚ですと、私生活であっても、痴漢で逮捕されたり、飲酒運転や違法薬物の使用で逮捕されたのであれば、「悪いことをしたんだから解雇だ」となると思います。しかしながら、法律の考え方は、使用者と労働者はあくまでも労働契約でつながっており、所定労働時間外や会社施設外、すなわち私生活は本来自由であり、使用者にとやかく言われる根拠はありません。

　よって、私生活上の非行は原則として「不問に付す」ということを押さえてください。

　その上で、例外的に、その企業外非行が使用者の事業活動に直接関

連を有していて企業の利益を害したり、企業の社会的評価の毀損をもたらしたり、企業の労務提供に支障をもたらしたりするような非行であれば企業秩序違反として懲戒対象となります。

　よって、設問のように、社員が痴漢で捕まったことだけをもって、懲戒処分の対象とし得ません。

　これに対し、タクシー会社の運転手、電鉄会社の社員や警備会社の社員等、当該行為が当該企業の業種・業態等に鑑みて、当該企業の社会的信用を直接毀損するという特別な事情があれば、例外的に懲戒処分の対象とし得ます。

　ちなみにここでいう「社会的信用」とは目に見えない無形的なものなので、「毀損」とはそのおそれが客観的に存在することで足ります。

　裁判例でも、貨物自動車運送事業者の運転手が酒気帯び運転で行政処分及び罰金刑に処せられた事案において、「従業員の職場外でされた行為であっても、企業秩序に直接の関連を有するのであれば、規則の対象となり得ることは明らかであるし、また、企業は社会において活動する上で、その社会的評価の低下毀損は、企業の円滑な運営に支障をきたすおそれが強いので、その評価の低下毀損につながるおそれがあると客観的に認められる行為については、職場外でされたものであっても、なお広く企業秩序の維持確保のために、これを規制の対象とすることが許される場合もあるといえる。」として、懲戒解雇を有効としました（ヤマト運輸（懲戒解雇）事件　東京地判平19.8.27　労判945-92　裁判例31）。

　また、当該従業員自身はドライバーではないものの、運送事業会社の従業員が就業時間外に酒気帯び運転（道路交通法違反）で現行犯逮捕された近時の裁判例において、懲戒解雇の有効性については「飲酒運転については、近時厳罰化が図られてきたにもかかわらず、未だ悲惨な事故が後を絶たず、社会的非難が極めて強いところ、企業において、従業員に対し、飲酒運転の禁止を徹底させ、就業時間内における

飲酒運転はもちろん、私生活上の非行である就業時間外の飲酒運転であっても厳罰をもって臨むことは、企業としての名誉、信用ないし社会的評価を維持するために当然認めなければならない。とりわけ、被告は、各種運送事業を目的とする国内最大手の運送業者であり、……会社を挙げて飲酒運転を阻止すべきとの社会的要請も強く、このため、運送事業に従事する従業員か否かを問わず、……就業時間内外の飲酒運転を原則として解雇事由としていることは、必要かつ合目的的であるといえる。」「原告は、……実名で新聞報道がされるなどしており、その社会的影響も軽視することはできない。」というように、会社の業態及び従業員の実名報道等を重く見て、他方で当該従業員自身は26年間もの間まじめに働いてきたこと及び会社自身は実名報道されていないとの事情があるものの、懲戒解雇を有効としています（日本通運事件　東京地判平29.10.23　労経速2340-3）。

　その上で、退職金を全額不支給にしたことについては、「本件酒気帯び運転が原告のそれまでの勤続の功労を全て抹消するものとは認め難いものの、大幅に減殺するものといえ、その減殺の程度は5割と認めるのが相当であ」るとしました（同）。

　よって、懲戒解雇が有効だとしても、退職金の全額不支給まで有効とするための「勤続の功労を全て抹消するもの」との要件は極めてハードルが高いといえます。

　したがって、実務対応としては、退職金を一切支給したくないから懲戒解雇を選択するというのは誤りといえ、懲戒解雇と退職金不支給のどちらを優先するのかを考えなければなりません。そして、仮に後者であれば、実際に懲戒解雇事由があれば、退職金の全額放棄を条件に退職届けを提出するよう勧奨することが考えられます。

　この場合、退職勧奨自体は詐欺でも錯誤でもないですし、当該従業員も懲戒解雇を免れるわけですから、そのメリットと引き換えに、退職金を全額放棄することは、当該従業員の自由な意思に基づいてされ

たものと認めるに足りる合理的な理由が客観的に存在するといえることから、その退職及び退職金放棄の意思表示のいずれも有効になされたと考えます。

最後に、企業外非行につきまして、原則どおり懲戒処分の対象とし得ないとしても、本人の「けじめ」として、戒告や譴責程度の軽微な懲戒処分を行った上で職場に戻すことが実情であることは付言しますし、トラブルリスクはあまりないと考えます。

2 競業する他社での兼業

Q　ある社員が、就業時間外に当社と競業する他社で兼業していることがわかりました。就業規則には特段明記していませんが、競合会社で兼業するなど、論外の行為ではないでしょうか。懲戒処分できますか。

A　就業時間外での兼業は、原則としてとがめることはできません。しかし、①会社の社会的信用や名誉を侵害するような内容、②競合会社での就労、③自社への労務提供に格別の支障を生じさせるような内容であれば、例外的に懲戒処分の対象になります。

この場合もやはり就業時間外での兼業であれば、そもそも私生活上の時間をどのように使うかは労働者の自由であることから、原則として兼業することをとがめることはできません。

しかしながら、その兼業の内容が、次に挙げるようなものであれば、企業秩序を乱すといえ、例外的に懲戒処分の対象になると考えます。
①　会社の社会的信用や名誉を侵害するような内容（例：違法・脱法的な業務）
②　競合会社での就労

③　自社への労務提供に格別の支障を生じさせるような内容（例：夜間の長時間にわたるもの）

　裁判例でも、上記③の観点から兼業を不許可としたことには合理性があると判断したものがあります（マンナ運輸事件　京都地判平24.7.13　労判1058-21　裁判例33）。

　なお、昨今はいわゆる「働き方改革」の下、兼業・副業を積極的に促進する流れにありますが、上記考え方に変わりはありません。

　すなわち、会社は労働者の兼業につき、事前許可制にして、その例外である不許可事由を、上記の①会社の社会的信用や名誉を侵害するような内容、②競合会社での就労、③自社への労務提供に格別の支障を生じさせるような内容、に限定すればよろしいと考えます。

　また、会社が兼業を一度許可しても、不許可事由が発生した場合のために、就業規則には必ず許可取消しの条項も定めておきましょう。

　ただ、兼業のリスクとして、他社での労働時間が把握しづらいという問題があるため、より一層、労働者の健康に十分配慮する必要があります。

　そこで、兼業における労働時間の把握については、厚生労働省作成の「副業・兼業の促進に関するガイドライン」（令和2年9月改定）等を参考にして、労働者の自己申告等により十分に把握しなければなりません。

第5節　採用・内定・試用期間中における問題

1　既往歴を申告せずに入社

Q　新入社員Ａが入社直後に「実はうつ病の既往歴があるのですが、採用面接では言えませんでした」と告白しました。会社も採用面接時に既往歴を尋ねなかったので今回は不問に付そうと思いますが、今後就業に支障をきたすようなことがないか心配です。

A　採用の場面では、病歴を含めて使用者の採用の自由の下、応募者に対して広範にわたって質問することができます。ただし、無用なトラブルは避けるべきであり、既往歴や現在の疾病について、任意に答えてもらうという程度で十分かと考えます。

　会社としては、入社面接時点では、応募者も既往歴や現在の疾病について何も語らず、また会社も何も知らなかったものの、入社後にその疾病が明らかになったり、再発し実際に就労できなくなるということが実務ではよくあります。

　このような場合には、会社も知っていたら採用しなかったと思うでしょうし、労働者にとっても肩身の狭い思いをすることになるかもしれず、お互いにとって残念な結果となります。

　ただ、応募者（労働者）にとってみれば、仮に会社から既往歴や現在の疾病について尋ねられなかったのであれば、尋ねられていない以

上、自ら積極的に吐露する義務はありません。この点については、会社は気をつけなければなりません。

では会社は応募者に対し、健康状態についてどこまで尋ねていいのかが問題となります。

この点について、職安法第5条の4は「……労働者の募集を行う者……は、それぞれ、その業務に関し、求職者、募集に応じて労働者になろうとする者……の個人情報……を収集……するに当たっては、その業務の目的の達成に必要な範囲内で求職者等の個人情報を収集……しなければならない。」というように、「求職者等の個人情報の取扱い」について規制しています。

そしてこれを受けて、労働省（当時）が定めた指針（平成11年労働省告示第141号）では、労働者の募集等にあたり、

①　人種、民族、社会的身分、門地、本籍、出生地その他社会的差別の原因となるおそれのある事項
②　思想及び信条
③　労働組合への加入状況

の個人情報については収集してはならないとしています。

しかしながら、上記の指針はあくまでも上記条文から明らかなとおり、「募集」に関するものであり、その後の「採用」段階には適用されません。

また、病歴は個人情報保護法における要配慮個人情報に該当しますが、面接場面で応募者の同意をもって取得する（答えたくなかったら答えなくてよい）わけですから、この点も問題ないと考えます。

そして、使用者の採用の自由の下、応募者に対して広範にわたって質問することができると考えます。

裁判例でも、「労働者の採否決定にあたり、労働者の思想、信条を調査しこれに関連する事項について申告を求めることも違法行為とすべき理由はない。」（三菱樹脂本採用拒否事件　最判昭48.12.12　労判189-

16　裁判例34）と判示しています。

　ただし、あくまで使用者は当該応募者に就労するだけの体力や能力があるか否か、また職場で感染するような疾病を有しているか否かを確認する目的で質問をする以上、例えばHIV感染症、B型肝炎、C型肝炎等の就労するだけの体力に問題がなく、かつ、職場において感染する可能性の低い感染症等の病歴については、取得すべきではありません。むしろ不法行為として損害賠償請求される可能性すらあります（業務上必要があるという特段の事情がある場合は除きます）。

　近時の裁判例でも、採用面接場面において、HIV感染の事実を告知しなかったことをもって内定取消しとした事案において、HIV感染者に対する社会的偏見等が根強く、他方、HIVは日常生活において基本的に感染しないこと等に鑑みて、原告が被告に対しHIV感染の事実を告げる義務があったということはできないと判示した上で、内定取消しは無効であり、さらに不法行為を構成すると判断しました（社会福祉法人北海道社会事業協会事件　札幌地判令元.9.17　労判1214-18）。

　また、無用なトラブルは避けるべきですので、既往歴や現在の疾病について、任意に答えてもらうという程度で十分かと考えます。

　さらに、使用者が実際に応募者（労働者）に既往歴等を尋ねたものの、積極的に虚偽の事実を答えた場合であっても、健康な状態で労務提供をしているのであれば、虚偽の回答をもって懲戒解雇等の重大な懲戒処分はし得ないと考えます。

2 経歴を詐称して入社した

Q　中途採用者のシステムエンジニアAは、履歴書に「大型案件の中核メンバーとして従事」と記載しており、その点を評価して採用しました。しかし、入社後にAの履歴書の経歴は嘘であり、プログラミングの技量は低いことがわかりました。契約違反として解雇できるでしょうか。

A　一度、採用して労働契約を締結した以上は、容易に解雇することはできず、解雇できるとすれば、その経歴詐称が重大な経歴詐称である場合に限られます。

　この場合、確かに採用面接場面で、このような経歴詐称を知っていれば、採用しなかったと思われます。しかしながら、一度採用して労働契約を締結した以上は容易に解雇することはできません。

　この点につき、近時の裁判例でも、私立学校の教員の「バレーボールコーチ」という経歴の詐称を巡り、「継続的雇用契約を、使用者の一方的意思表示をもって即時解除することが、労働者にとって重大な不利益となるものであることは明らかである。とすれば即時解雇事由としての『採用に関し提出する書類に重大な虚偽の申告があったとき』というのは、それが、今後の雇用契約の継続を不可能にする程に、被告との信頼関係を大きく破壊するに足る重大な経歴を詐称した場合に限られるというべきである。」ことを前提として、「かかる虚偽供述が、当事者間の今後の雇用契約の継続を不可能とする程に被告との信頼関係を破壊するに足る、重大な経歴詐称であると認めることはできない。」と判示しました（学校法人D学園事件　さいたま地判平29.4.6労判1176-27、東京高判平29.10.18　労判1176-18も原審判断維持）。

なお、一般的に重大な詐称として、学歴、経歴及び犯罪歴等の詐称が考えられますが、これが普通解雇事由に該当するかどうかは、詐称の具体的内容・程度や会社による採用経緯・目的等によります。

3　私傷病により４月から就労できない新卒採用者

Q 新卒採用した大学生Aが、私傷病を理由に４月からの合同研修に間に合わないと言ってきました。新人合同研修は重要なものと位置づけており、この研修に参加できないようなら内定取消しを検討していますが、問題ないでしょうか。

A 内定段階であっても労働契約が成立しており、内定取消しは客観的・合理的で社会通念上相当なものでなければ無効となります。他方、内々定であれば未だ労働契約は成立していませんので、損害賠償義務の有無はさておき、内々定自体を取り消すことは可能です。

　まず、この大学生につき採用の内定が決まっていたということであれば、内定は始期付解約権留保付労働契約のことをいうことから、内定段階であっても労働契約が成立している以上、後述する試用期間中の地位と基本的に異なるところはなく、「採用内定を取り消すことが解約権留保の趣旨・目的に照らして客観的に合理的と認められ社会通念上相当として是認することができるものに限られると解するのが相当である。」（大日本印刷事件　最判昭54.7.20　労判323-19）ということになります。

　とすると、私傷病で４月からの合同研修に間に合わないとしても、その数か月遅れで確実に就労できるとの見込みがあるのであれば、内定取消しは社会的相当性を欠き無効になるのではないかと考えます。

　ただし、その内定取消しの有効性の如何を問わず、残念ながら、内定を取り消された大学生が未だ働いていないような会社に対して、雇用契約上の地位確認請求をすることは稀であり、実務的には有効性に関する結論を見ないままに終息していくのが通常といえます。

　他方、未だ内々定、すなわち労働契約は成立しておらず、大学生が「この会社に入れる」と期待している段階であれば、会社はこの内々定を取り消すことができます。あとはその期待権が法的保護に値するか、値するとして慰謝料としてどの程度が妥当かを検討すればよいだけです（50万円〜100万円程度かと考えます）。

　ちなみに、内々定から内定へと変わる場面ですが、内定となると会社と1対1の労働契約が成立しますので、大学生が「貴社に入社します」と誓約し、他社就労の機会を放棄したといえる場面かと考えます。ただし、実際には明確な線引きは難しいと思いますので、最終的には裁判所の事実認定に委ねるしかありません。

4 試用期間中で本採用がためらわれる

Q　試用期間中の従業員の中に、能力不足や勤怠不良の者、私傷病により数か月間就労できなくなった者がいて、本採用したものかどうか迷っています。

A　試用期間であっても労働契約は成立しており、明らかな債務不履行がなければ普通解雇は難しいといえます。一方で、安易に本採用すれば解雇権濫用法理が適用されることから、実務的には、試用期間で本採用をしてもいいのか判断がつかない場合には、試用期間を延長して、さらに様子を見るべきと考えます。また、試用期間中は休職の適用も排除しておくべきです。

　試用期間とは、解約権留保付労働契約のことをいいます。その言葉ど
おり、試用期間であっても当然に労働契約が成立していますので、使
用者が留保解約権を行使する場合には、解約権留保の趣旨・目的に照
らして、客観的に合理的な理由が存し、社会通念上相当として是認さ
れ得る場合にのみ許されるといえます（三菱樹脂事件　最判昭48.12.12
労判189-16　 裁判例34 ）。

　そうすると、通常３か月程度しかない試用期間において、能力不足
等の債務不履行を理由に留保解約権（普通解雇）の行使が、前記の客
観的合理性及び社会的相当性を備える場合としては、明らかな債務不
履行が見られる場合といえます。

　近時の裁判例でも、システムエンジニアとして約27年間の社会人経
験のある者を経営企画室係長として中途採用したところ、当該従業員
による試用期間途中の原告の部下に対する必要以上に威迫した言動、
取引先への不適切な対応により軋轢を生じさせたこと、協調性が不足
したこと及び能力不足等の理由から試用期間満了の２週間前で普通解
雇した事案につき、本採用拒否を有効としています。この事案では、
上司からの改善指導が行われていたこととともに、約27年間の社会人
経験から改善の必要性について十分に認識し得たのであるから、改め
て解雇の可能性を告げて警告することが必要であったともいえないな
どの事情を踏まえ、「試用期間の満了までの２週間の指導によっても、
原告の勤務態度等について容易に改善が見込めないものであると判断
し、試用期間満了時まで原告に対する指導を継続せず、原告には管理
職としての資質がなく、従業員として不適当である。」として本採用拒
否決定（普通解雇）は有効であると判断しました（ヤマダコーポレー
ション事件　東京地判令元.9.18　労経速2405-3）。

　ただし、上記裁判例は、長きにわたる社会人経験があることを前提
に、会社が事細かに改善指導をしなくとも、そもそも当該従業員に改
善の必要性について認識し得たという特殊性があるため、３か月しか

ない試用期間のうち、さらに満了の2週間前に普通解雇をしたものの、有効であると判断しています。

　他に近時の裁判例として、被告会社は不動産賃貸借等を事業内容とし、他方、原告は金融業務における5年以上の実務経験を有していることを前提として、即戦力として、同社のオペレーションズ部門のレギュラトリー・オペレーションズ部という特定の部門において専門的な業務を担当するために中途採用されたところ、原告がした多数のミスは決して軽微なものと評価すべきものということはできず、被告会社が多数回にわたって原告に対して指導等を行ったものの有意の改善が見られなかったことから、「いくらか改善がみられた」としても本採用拒否（普通解雇）は有効と判断しました（ゴールドマン・サックス・ジャパン・ホールディングス事件　東京地判平31.2.25　労判1212-69）。

　もっとも、このような中途採用等の事情がなければ、実務上、数か月程度で留保解約権を行使しないとならないほどに明らかな能力不足等や十分な改善機会の付与はなかなかないのではないかと考えます。

　さりとて、安易に本採用をしてしまった場合には、解約権留保が外れますので、その後、やはり普通解雇をしようとした場合には、さらに厳しい解雇権濫用法理（労契法第16条）が適用されることになります。

　そこで実務的には、試用期間で本採用をしてもいいのか判断がつかないというような場合には、無理に本採用せず、試用期間を延長して、さらに様子を見るべきと考えます。

　そのため、就業規則に、あらかじめ試用期間延長の規定を設けておきましょう。仮に、そのような規定がなければ、従業員と同意をもって延長することになります（同意をしてくれない場合には、普通解雇を検討するしかないと考えますが、無効となるリスクが高いことには十分に配慮しましょう）。

【規定例】

> 　正社員として採用された者については、3か月間の試用期間を
> 設ける。
> 　……試用期間中の者が私傷病等の理由で欠勤した場合等、本採
> 用の有無の決定をすることが適当でないと会社が判断した場合、
> 試用期間を延長することがある。

　近時の裁判例でも、当初3か月間の試用期間において、当該従業員
のコミュニケーションスキル及び協調性に不安があることを理由に追
加で3か月間の試用期間の延長をした上で、本採用拒否した事案につ
き、試用期間の延長に言及しています。

　すなわち、「債権者のコミュニケーション及び上司や同僚との関係構
築に向けた姿勢には数々の問題点があり、上記のとおり必要なコミュ
ニケーションがとれず、むしろ試用期間の延長によって悪化したこと
が認められる。一般に本採用を目指して必要以上に努力し、同僚に気
を遣いがちな試用期間ですら、債権者は上司や同僚との間で種々の軋
轢を生じさせてしまったといえる。これらの問題点は、いずれも試用
期間を経て初めて発覚し得るものであるといえ、上記の経過によれば、
債権者が上司からの指導等によって上記の問題点を改善できる見込み
は薄い。債務者が雇用を継続していれば、債権者のコミュニケーショ
ン上の問題によって更に職場環境が悪化していくことが容易に想像で
きることからすると、本件の雇用が2年間の期間限定であることを考
慮しても、債務者が試用期間終了をもって解雇を選択したこともやむ
を得ないといえる。」と判示しました（学校法人Ａ学園（試用期間満
了）事件　那覇地決令元.11.18　労経速2407-3）が、上記のとおり、試
用期間の延長によって悪化したことが認められるため、これを改善で
きる見込みは薄いとのことで普通解雇もやむを得ないとの判断に至っ
ていますので、試用期間を延長した意味があったと考えます。

　また、上記裁判例でもう一つ特徴的な点は、２年間の有期雇用契約であるにもかかわらず、3か月の試用期間を設定しているところです。すなわち、試用期間は解約権を留保している状態ですが、これはあくまでも本採用をして長期雇用とすることを前提として、試用期間という短期間に当社の従業員として適格性のないことが明らかになった場合に留保解約権を行使して雇用契約を解消させるという例外的な対応といえます。とすると、試用期間は無期雇用契約を想定し、有期雇用契約には馴染まないと考えます。にもかかわらず、上記裁判例は有期雇用契約を前提とした試用期間で、その留保解約権の行使を有効としたことに特徴があるといえます。実務でも参考になると考えます。

　なお、試用期間中に私傷病で欠勤し、休職に付された結果、本採用されたということがないように、試用期間中は休職の適用も排除しておくべきです。

第6節　各種命令違反に関する問題

1　転勤命令の拒否

Q　幹部候補の社員Aを東京本社に転勤させようとしたところ「両親の介護があるので応じられません」と拒否されました。幹部候補生にはこれまで全員、東京本社勤務を経験させており、困惑しています。

A　転勤命令が有効か否かの判断には、まず、会社に転勤命令権があるかを検討します。次に、権利の濫用となっていないか（①業務上の必要性が存しない、②不当な動機・目的、③通常甘受すべき程度を著しく超える不利益を負わせるもの）を検討します。

　本件では会社が従業員に対して転勤を命じたところ、これを拒否されたという事案になります。

　一般論として、このように会社が従業員に対して業務命令をしたにもかかわらず拒否された場合に考えなければならないことは、そもそも会社に当該命令権があるのか、ということと、仮に会社に当該命令権があるとして当該事案においてそれが濫用に当たらないかどうかです。

　まず、そもそも会社に当該命令権があるかどうかの検討となりますが、例えば、日常労務指揮権や出張命令権等の命令権は、労働契約を締結すると当然に会社に発生するといえます。

　他方、本件で問題となっている転勤命令権や職種変更命令権は原則として別途、当該命令権を取得する必要があります。なぜなら、職種や勤務地は労働者の労働条件であり、原則として使用者が一方的に変更できるものではなく、労働者の合意によって変更すべき性質のものだからです。

　そこで会社が転勤命令権や職種変更命令権を取得するためには、次のいずれかがあれば、使用者に転勤命令権や職種変更命令権があるといえます。

①　労働契約締結の際、労働者が使用者の転勤（職種変更）命令に従うとの誓約書を提出するなど、個別合意をしている。

②　就業規則に転勤（職種変更）に関する規定が定められている。

③　使用者には多くの支店や出張所（職種）があり、多くの従業員が転勤（職種変更）しているという慣行がある。

　ただし、当該労働者と個別に勤務地や職種につき限定する個別契約をしていれば、当該労働者との関係では転勤命令権や職種変更命令権を取得し得ないため、使用者と当該労働者間で労働契約締結時に勤務地（職種）の特定の合意がなされていない、ということも必要です。

　ちなみに、出向は出向先との間にも雇用契約が締結され、指揮命令に従うことになるため、出向命令権の取得の要件はさらに厳しく、就業規則上「業務上の必要性がある場合、従業員に対し出向を命ずることがある。」との規程だけでは否定される可能性があり、さらに、

①　出向先の特定

②　出向先における基本的な労働条件の明示

③　出向元への復帰に関する事項の明示

まで明記しておくことが必要となります。

　次に、濫用となるのではないかを検討しなければなりません。

　その際の判断要素としては、業務上の必要性が存しない場合、他の不当な動機、目的をもってなされた場合、または労働者に対し通常甘

受すべき程度を著しく超える不利益を負わせる場合であれば、転勤命令権や職種変更命令権の行使が濫用により無効となります。とすると、本件でもまず会社が当該従業員に対する転勤命令権を有していることが必要となりますので、雇用契約、就業規則及び慣行等を確認する必要があります。

　そして転勤命令権が存するとして、次に当該従業員が東京本社に転勤しなければならない業務上の必要性があるかどうかですが、この必要性の程度は「余人をもって替え難い」というレベルまでは不要です。

　具体的には、業務上の必要性は、当該配転先への配転が余人をもって容易に替え難いといった高度の必要性に限定されず、労働力の適正配置、業務の能率増進、労働者の能力開発、勤務意欲の高揚、業務運営の円滑化等の使用者の合理的運営に寄与する点があれば足ります。

　また、他の不当な動機、目的をもってなされているかどうかですが、例えば当該従業員が活動的な労働組合執行部でその活動を阻害することを主たる目的としていたり、嫌がらせをして退職させることを主たる目的としている場合には濫用として無効となります。

　さらに、実務では最も問題となる不利益性の問題ですが、本件のように両親の介護があるというだけでは、通常甘受すべき程度を著しく超える不利益を負わせるということにはなりません。といいますのは、その配偶者や兄弟が看ることができるかもしれませんので、当該労働者が看るしかない状況にあるというレベルまで必要と考えます。

　では、本件の転勤命令が有効であるにもかかわらず、それでも当該労働者が命令に従わない場合の対応が問題となります。

　日本の長期雇用システムにおいて、転勤命令や職種変更命令は極めて重要なものであり、これを拒否することは重大な秩序違反行為として懲戒解雇事由、または普通解雇事由に該当し得ます。ただし、一足飛びに解雇をしたとすれば、社会的相当性を欠くとして無効となる可能性があります。

　そこで、実務的に重要なことは、少なくとも1か月程度の時間はかけて、まずは当該従業員に対し転勤に応じるように説得をし、障壁となる事柄（単身赴任、配偶者の失職等）があればその除去を試み、それでも応じなければ、退職勧奨をして合意退職を目指し、その上で、普通解雇を検討すべきです。

❷　身だしなみに関する命令に従わない

Q　当社では、髭を剃ること、髪を染めないこと、スーツを着用することなど、身だしなみに関してきちんとするよう全社員に対して命じています。総務部門の社員Aは命令に従わず茶髪にしていますが、懲戒処分できますか。

A　労働者の身だしなみについては、人格や自由に関する事柄であり、尊重されなければなりません。その会社の属する業界のイメージや当該労働者の職種を検討する必要があり、一律に制限・禁止する命令は無効であると考えます。

　確かに、企業秩序維持・確保や取引先・お客様からの信用維持の観点から、労働者に必要な規制等を行うことは許されると考えます。
　ただ、設問のような労働者の身だしなみについては、人の人格や自由に関する事柄であり、尊重されなければなりません。
　そこで、会社の利益と労働者の利益の調整の観点から、その制限する必要性、合理性及び手段方法として相当かどうかを検討する必要があると考えます。とすると、その会社の属する業界のイメージや当該労働者の職種、すなわち取引先やお客様と直接顔を合わせるのかどうか等の事情を検討する必要がありますが、基本的に一律に禁止するのは行き過ぎであり、髭も不快感を与えない程度に整えられていたり、

染髪も色の程度によっては許可する等の対応が必要と考えます。

　よって、身だしなみに関して一律に制限・禁止する命令は無効であると考えます。

　他方、相当な範囲での命令に対して、労働者が従わないのであれば、業務命令違反で懲戒処分に付するべきであり、特に取引先やお客様と直接顔を合わせる職種の場合にはそのまま就労させるわけにはいかないので、命令に従うまで労務提供受領拒否も検討せざるを得ないと考えます。

　近時の裁判例でも、国家賠償請求訴訟ではありますが、職員の身だしなみ基準で「髭を伸ばさずに綺麗に剃ること（整えられた髭も不可）」というように、髭を伸ばすことが全面的に禁止されていることについて、「ひげに関し制約の必要性は認められないということはできない。そして、ひげが社会において広く肯定的に受け容れられているとまではいえない我が国の現状に照らせば、原判決も判示するとおり……、『整えられた髭も不可』として、ひげが剃られた状態を理想的な身だしなみとする服務上の基準を設けることは、一応の必要性・合理性が認められる。ひげに対する許容度は、交通局の事業遂行上の必要性とは無関係ではなく、一方、本件身だしなみ基準は、ひげを一律全面的に禁止するものと解することはできない。」（大阪市交通局事件　大阪高判令元.9.6　労経速2393-13）というようにやはり限定解釈をしました。

　他にも、染髪を巡って諭旨解雇をした事案において「一般に、企業は企業内秩序を維持・確保するため、労働者の動静を把握する必要に迫られる場合のあることは当然であり、このような場合、企業としては労働者に必要な規制、指示、命令等を行うことが許されるというべきである。しかしながら、このようにいうことは、労働者が企業の一般的支配に服することを意味するものではなく、企業に与えられた秩序維持の権限は、自ずとその本質に伴う限界があるといわなければならない。

特に、労働者の髪の色・型、容姿、服装などといった人の人格や自由に関する事柄について、企業が企業秩序の維持を名目に労働者の自由を制限しようとする場合、その制限行為は無制限に許されるものではなく、企業の円滑な運営上必要かつ合理的な範囲にとどまるものというべく、具体的な制限行為の内容は、制限の必要性、合理性、手段方法としての相当性を欠くことのないよう特段の配慮が要請されるものと解するのが相当である。」とした上で、労働者は黄色に染めた髪を黒色の白髪染めを使って少し茶色が残る程度に黒く染めたにもかかわらず、会社は始末書の提出を求め、これが提出されないとさらに諭旨解雇にしたことにつき、解雇権の濫用として無効としました（株式会社東谷山家事件　福岡地裁小倉支決平9.12.5　労判732-53）。

３ 始末書の提出命令に応じない

Q　先月、譴責処分した社員Aが、始末書を提出せず困っています。本人は口頭での謝罪で処分が終わったと思っているようですが、改めて始末書提出を命じることはできるでしょうか。また、命令に応じない場合には、さらなる懲戒処分が可能でしょうか。

A　譴責処分自体が始末書の提出を命ずることを予定していることから、提出を命ずることはできます。ただし、始末書の提出命令違反をもって、さらなる懲戒処分に付することは難しいと考えます。

　譴責処分とは、懲戒処分の一つであり、将来を戒めた上で、始末書の提出を求めるという制裁罰です。とすると、譴責処分自体が始末書の提出を命ずることを予定していますので、命ずること自体はできる

と考えます。

　問題は、労働者が当該命令に応じない場合に、さらなる懲戒処分が可能かどうかです。

　この点について、「単なる事実のてん末書というものではなく、自己の誤りを陳謝し、再び同様の職場規律違反を犯さないことを確約する趣旨のものも含まれているが、そのような文書の提出自体本人の意思に基づくほかない行為であって、個人の意思の自由を尊重する現行法の精神からいって、これを、その不提出に対し懲戒処分を加えることによって、強制することは許されないものというべきである。」（甲山福祉センター事件　神戸地裁尼崎支判昭58.3.17　労判412-76）というように、謝罪は労働者の自由な意思に委ねなければならず、また、労働契約は労働者の意思まで拘束するものではないことからすれば、始末書の提出命令違反をもって、さらなる懲戒処分に付することは難しいと考えます。

　ただし、始末書を提出しないことから、反省の態度が見られないとの評価はし得ると考えます。

　よって、今後、同様の秩序違反行為があれば、このような反省の態度が見られなかったことも加味して、懲戒処分の量定を検討すればよろしいかと考えます。さらに、賞与評価でも、考慮要素とし得るのであれば、マイナス評価の一因とすべきでしょう。

第7節　労働時間に関する問題

1 無断で残業する

Q 　残業を命じていないにもかかわらず会社に残って無断で残業し、残業代を請求してくる者がいます。この者には残業代を支払わなくてよいですよね。

A 　明示的に残業を命じる場合、残業を黙認している場合、残業しないとならないほどに業務過多である場合は労働時間に該当します。突然の残業代請求を防ぐためには、適正な業務量に調整した上で、残業を事前許可制にすることが考えられます。

　会社に無断で残っていた時間が「労働時間」（労基法第32条）といえるかどうかが問題となりますが、ポイントは本当に「無断で」なのかという点です。

　ここで「労働時間」とは、労働者が使用者の指揮命令下に置かれている時間をいい、この労働時間に該当するか否かは、労働者の行為が使用者の指揮命令下に置かれたものと評価することができるか否かにより客観的に定められるものであって、労働契約、就業規則及び労働協約等の定めの如何により決定されるべきものではないと解されています。

　そして、本件は拘束時間（始業から終業までの時間）外で、本来自由な時間ですから、原則として労働時間には該当しないはずです。た

だし、例外的に拘束時間外であっても上記のような使用者の指揮命令下に置かれている時間と評価されるのであれば、労働時間に該当することになります。

では、この例外に当たる場合ですが、例えば、使用者が「残業しなさい」と明示的に残業を命じる場合は当然に労働時間に該当すると考えます。

また、使用者が明示的に命じなくとも、部下が業務らしき作業を行っていて、上司（使用者）が黙認しているような場合であれば、黙示的な命令としてこれも労働時間に該当すると考えます。

さらに、たとえ上司が部下に明示的または黙示的に残業を命じていないとしても、与えられた業務量が多すぎて、業務遂行を余儀なくされたといえる場合も、その作業時間は労働時間に該当するといえます。

以上を前提にしますと、本件では「無断で」ということですので、明示的に残業を命じたわけではなさそうです。しかしながら、上司も明確に「帰りなさい」と伝える等、残業を許可していないことを明確にしないと、黙示的な命令があったと評価される可能性があります。さらに、そもそも残業しなければならないほどに業務過多であれば、上司がいくら残業を禁じても、その作業は労働時間に該当し得ます。

よって、以上から、労働時間に該当するのであれば、それは正当な権利行使といえます。

ちなみにその労働時間の長さですが、社会通念上必要と認められるものである限りで認められるので、単に会社に滞留していた時間ではないことには気をつけてください。

このように、ある日突然、残業代を請求してくることがないようにするためには、残業を余儀なくされると言われないように、適正な業務量に調整した上で、黙示的な命令とも言われないようにするために、残業は上長による事前許可制にし、上長の許可がない限り、終業時刻で明確に会社から退去させるようにすべきです。

さらに事前許可制を適正に運用するために、翌日に、実際に認められる残業を上長と部下で確認した上で、部下から確認の署名をもらっておくことが望ましいと考えます。

2　休日出勤を断る

Q　ある社員に休日に出勤を命じたところ、「子供と遊園地に行く約束をしているので出勤できません」と断られました。休日出勤くらいこなしてもらわないと、会社も社員も成長しないと思うのですが。

A　休日は、全く労働義務のない日ですから、「ワークライフバランス」の下、このような「ライフ」は最大限尊重されるべきです。休日労働命令権は極めて弱い権利であり、基本的には無効になると考えます。例外的に有効となるとすれば、当該社員の業務が代替性の効かない特殊な業務や高度に専門性の高い業務であり、かつ、当該休日に労働しないと会社に損害が出るような場合と考えます。

これは休日労働命令を断った社員に対する対応の問題です。

休日労働命令ですので、前述した命令権の取得と行使が問題となります。

まず命令権の取得ですが、そもそも休日は労働義務が存在しないわけですから、労働契約から当然に発生する権利ではありません。

よって、当該社員との間で締結された労働契約、または就業規則において「業務上の必要性がある場合に休日に労働を命ずることがある。」という趣旨の規定が必要となります。

次に、休日労働命令において命令権行使が濫用にならないかどうか

という点です。

　この点について、同じく労働義務が存しない時間に労働を命ずる場合として「時間外労働命令」があります。この時間外労働命令は、日本の雇用社会において、長期雇用の下、解雇権濫用法理の適用により、解雇が「不自由」であることに鑑みて、広く命令権行使が許されると考えます。

　すなわち、例えば10人の会社で10人分の仕事があるという平時であれば、１人が１人分をきっちりとこなすことにより仕事が普通に回りますが、繁忙期において12人分の仕事になった場合に、会社はまず新たに２人を雇用することを考えるでしょう。もちろん、このままずっと12人分の仕事が発生し続ければ、新たに雇用した２人もそのまま雇用し続けていけば何ら問題はありません。しかしながら、繁忙期が過ぎ、10人分の仕事量に戻ったときに、新たに雇用した２人を解雇すればいいかというと、解雇が「不自由」ですから、なかなかそう簡単にはいきません。

　そこでこのように繁忙期に外部から人を新たに雇用するのではなく、既存の社員に時間外労働を命ずることによって凌がなければなりません。

　すなわち、先の例ですと、10人の社員が１人当たり0.2人分の時間外労働をして12人分の仕事量をこなさなければならないのです。とすると、時間外労働命令は、解雇権が不自由であり、解雇を避けるために、強い命令権として保護されることになります。

　他方、休日は労働日における所定労働時間の延長である時間外労働とは異なり、全く労働義務のない日ですから、個人的な、あるいは家族との予定がすでに決まっていることも多く、「ワークライフバランス」の下、このような「ライフ」は最大限尊重されるべきです。逆にいいますと、休日労働命令権は極めて弱い権利であり、基本的には無効になると考えます。

　また上記のとおり、時間外労働は労働日における所定労働時間の延長ですが、休日労働は休日にあえて通勤時間をかけて労働しなければならず、労働者に対する負担の軽重も全く異なります。特に通勤に通常1時間以上かかる場合にはなおのことです。

　よって、本件のように休日労働命令を拒否された場合であっても、原則として、そもそも命令権行使の有効性に疑問がある以上、如何ともし難いと考えます。それでも例外的に有効となるとすれば、当該社員の業務が代替性の効かない特殊な業務や高度に専門性の高い業務であり、かつ、当該休日に労働しないと会社に損害が出るような場合ぐらいかと考えます。

　休日労働命令について問題となった裁判例においても、「業務命令により法定外休日労働を命じられた労働者は、休日を突然奪われる結果になるが、労働者にとっては、法定外休日であっても、休日について重要な社会的個人的生活利益を有し、例えば、休日の有効利用のため事前に計画をたてて準備をし、1週間の生活設計をたてることもあるのであるから、休日を突然奪われることにより、多大の損失を受け、それが労働者にとり無視し得ない程度に至ることもありうることは、充分考慮されなければならない」（東洋鋼鈑事件　広島高判昭48.9.25　労判186-21）というように、労働者にとって休日が重要であり、労働させるには労働者の事情に十分に配慮しなければならないと判示しています。

　ちなみに、同裁判例は昭和40年代ですから、令和の時代においては「働き方改革」の下、労働者の「ライフ」がより一層尊重されるべきと考えます。

❸　長期間の有給休暇取得を求める

Q　ある社員が「海外旅行に行くので長期間の有給休暇を取らせてほしい」と言ってきました。会社に迷惑がかかることくらい、わからないのでしょうか。

A　有給休暇の取得は労働者の権利であり、単に「長期間」だからということだけをもって認めないことはできません。そもそも使用者側としては、事業の正常な運営を妨げる場合においては、例外的に有給休暇取得の時季変更権を行使することができますが、本件では、会社が労働者と事前に話し合いをして調整を試みたうえで、なお折り合いがつかなかった場合に、当該労働者の担当業務の特殊性等を考慮して、その一部であれば時季変更権を行使し得るでしょう。

　まず大前提として、有給休暇の取得は労働者の権利となります。そして「働き方改革」の下、有給休暇も積極的に取得されるべきとの流れにあり、さらに労基法改正により、使用者は有給休暇が10日以上付与される労働者については年5日の取得時季指定義務を負い、取得させなければなりません。

　とすると、本件でも単に「長期間」だからということだけをもって認めないというわけにはいきません。ただし、当該社員が担当する業務の性質を考えると、長期間の不在は望ましくないというようなときには、使用者側としては例外的に有給休暇取得の時季変更権を行使することが考えられます。

　その要件は、「事業の正常な運営を妨げる場合においては、他の時季にこれを与えることができる。」（労基法第39条第5項但書）とありま

す。これは、当該社員の有給休暇指定日の労働がその者の担当業務を含む相当な単位の業務（課の業務・係の業務など）の運営にとって不可欠であり、かつ、代替要員を確保するのが困難であることが必要であると考えられていますので、実際には相当厳しい要件といえます。

　本件では「長期間」ということですので、当該社員の担当業務の性質如何によっては業務に支障をきたしそうです。

　そこで、このように「長期間」という場合には、当該社員の担当業務の性質に鑑みて、業務に支障をきたしそうな場合に、すべての取得を許さなければならないというわけではなく、使用者と当該社員との間で種々の調整をして一部だけ取得させるということは可能であり、すなわち一部につき例外的に時季変更権が行使できると考えます。

　この点につき、判例でも被上告人の業務が代替性の効きにくいものであることを前提として、「上告会社が、被上告人に対し、本件時季指定どおりの長期にわたる年次有給休暇を与えることが『事業の正常な運営を妨げる場合』に該当するとして、その休暇の一部について本件時季変更権を行使したことは、その裁量的判断が、労働基準法第39条の趣旨に反する不合理なものであるといえず、同条第 5 項ただし書所定の要件を充足するものというべきであるから、これを適法なものと解するのが相当である。」（時事通信社事件　最判平4.6.23　労判613-6　裁判例37）と判示しています。

4　退職時にまとめて有給休暇を取得し、業務引継を行わない

Q　ある社員が、「年次有給休暇が40日間残っているので、明日から残りの年次有給休暇をすべて使い切った上で退職します」と言ってきました。業務引継をさせることはできないのでしょうか。

A　業務引継のためには、退職の申込みを承諾しない、有給休暇の時季変更権を行使する、休日労働により引継をさせる、引継をしなければ退職金不支給とするなど、様々な対応策が想起されるものの、いずれもその効果に疑問を抱かざるを得ません。結局、日ごろからの信頼関係の構築と健康管理のために有給休暇を確実に使用させ、退職時点で多くの有給休暇が貯まっていないようにするしかないと考えます。

　有給休暇は 1 年間で最大20日間発生し、消滅時効が 2 年ですので、理論上は40日間まで保有することになります。

　ただし、労基法改正により、使用者は有給休暇が10日以上発生した労働者について、その日数のうち 5 日については、時季を指定して有給休暇を与えなければならないと時季指定義務が創設されたため、以前ほど退職時点で有給休暇が貯まっているということはないと思います。それでも数十日貯まっている方もいるでしょうし、そのような従業員ほど使用者に対して不満があり、業務引継をしないで退職時にまとめて取得するということが往々にしてあります。

　そこでその対策ですが、まずは退職の申込みを承諾しないということが考えられます。確かに、退職は使用者が承諾して初めて法的効力が発生しますので、承諾しないという対策も有効そうですが、辞職の意思表示をすれば、いずれにせよ14日経過で労働契約は終了しますので、あまり意味がありません。

　次に有給休暇の時季変更権を行使することが考えられます。

　すなわち、有給休暇の時季変更権とは、労働者の指定した有給休暇取得時季と異なる時季に変更することです。確かに、当該引継事項が重要であり、当該従業員しかできないのであれば、「事業の正常な運営を妨げる場合」という時季変更権の要件を満たしそうです。しかしな

がら、当該従業員が有給休暇を取得し切った最終日を退職（辞職）日とした場合には、もはや変更される先の労働日がないため、時季変更権は行使できません。

さらに、所定休日に休日労働命令をして休日労働により引継をさせることが考えられます。確かに、有給休暇は「休暇」であり、労働義務を免除する法的効果を有するものであり、他方、休日は元々労働義務の存在しない日ですので、休日に休暇は使用できず、その結果、休日は休日のままとなっています。

また、上記のとおり、当該引継事項が重要であり、当該従業員しかできず、さらに退職してしまうわけですから、命令権としては「弱い」休日労働命令でも有効となり得ると考えます。しかしながら、すでに退職する意向である従業員に対して、休日労働命令を行っても無視すればよく、今更ながら懲戒処分さらには普通解雇が「抑止効果」となるとも思えません。

そこで、業務の引継を退職金支給の要件にし、引継をしなければ退職金不支給となるのであれば、それ相応の効果は期待できます。しかしながら、退職金の支給条件の問題ですので、就業規則で明文化しないとなりませんが、「引継」の内容は様々であり、退職金の支給条件としての明確な基準が定立できるか疑問ですし、新たなトラブルになる可能性もあります。

また仮に訴訟となれば、裁判所が就業規則の当該規定を限定解釈して、一部または全部の支給義務を認める可能性も否めません。

よって、引継を退職金の支給条件としてもその効果に疑問が残ります。

このように、業務引継のために様々な対応策が想起されるものの、いずれもその効果に疑問を抱かざるを得ません。そこで結論としては、結局、日ごろからの信頼関係の構築と健康管理のために有給休暇を確実に使用させ、退職時点で多くの有給休暇が貯まっていないようにするしかないと考えます。

第8節　賃金に関する問題

1 成果主義人事制度に不満を述べる

Q 近年の厳しい競争に生き残るべく、当社でも賃金制度に成果主義人事制度を導入しました。すると、ローパフォーマーの社員Aが「賃金が下がるような制度は撤回すべきだ」と不満を申し立ててきました。会社としては人件費総額を維持した上で、人事評価基準や平等性には気を配って設計したつもりですが、見直さなければならないでしょうか。

A 成果主義人事制度への改定の有効性は、不利益変更に該当するかを検討し、不利益変更に該当する場合には、その変更に高度の必要性があり、また人件費総額が維持されている等の事情から合理的と評価されれば有効となりますので、本件では有効と思われます。

　そもそも成果主義を導入した人事制度への改定の有効性が問題となります。この有効性を検討するにあたっては、不利益変更に該当するかを検討する必要があります。

　この点について、確かに成果が出ればむしろ賃金が増額することになりますが、減額となるおそれもあるため、このような賃金が不安定となる成果主義人事制度を導入することは不利益変更に該当します。

　最高裁でも、就業規則の改訂により歩合給の割合等を変更したこと

につき、「労働条件を不利益に変更するものであるという部分はこれを是認することができる。」と判示しています（第一小型ハイヤー事件　最判平4.7.13　労経速1473-10）

　では、不利益変更に該当するとして、当該変更に合理性があるかどうかが次に問題となります。

　成果主義人事制度を導入する目的は、従業員による成果・業績に応じた賃金の再配分にあり、経営状況に鑑みた賃金原資総額の削減を目的にしているわけではありません。そのため、賃金原資総額が維持されていることが当該不利益変更の有効性の判断に重要な要素となります。

　この点について、裁判例においても、制度変更に高度の経営上の必要性があること、賃金原資総額を減少させるものではないこと、昇格・昇給することにつき平等な機会が与えられていること、及び労働組合との交渉を経たこと等の事情に鑑みて、有効と判断したものがあります（ノイズ研究所事件　東京高判平18.6.22　労判920-5）。

　なお、近時の裁判例では、賃金原資総額が維持されている場合に、個々の労働者の賃金を直接的、現実的に減少させるのは、賃金制度変更の結果そのものではなく、人事評価の結果であることから、労働者の不利益の程度及び変更後の就業規則の内容の合理性を判断するにあたっては、人事評価基準や結果についての平等性の確保及び制度的な担保の有無等、人事評価制度そのものの合理性を検討すべきと判示したことには留意すべきです（トライグループ事件　東京地判平30.2.22　労経速2349-24）。

　また、賃金制度の変更である以上、高度の必要性が求められますが、今日のマーケットのグローバル化に対応すべく競争力の強化や労働生産性の向上等を目的として成果主義人事制度を導入することからすれば、その変更には基本的に高度の必要性が認められると考えます。

　さらに、会社は制度変更により、あくまでも従業員による成果・業

績に応じた賃金の再配分を目的としている以上、成果・業績に無関係に特定層に対して不利益を与えるような制度であると合理性が否定される可能性が高いと考えます。

　裁判例でも「高年齢層の犠牲において賃金を高年齢層から低年齢層に再配分するものであり、……合理性があるとは認められない。」と判示されています（キョーイクソフト事件　東京高判平15.4.24　労判851-48）。

　ちなみに、本事例の制度変更によって、一部の下位者から一部の上位者に対して賃金の再配分を行うとしても、大多数の中位者の賃金は従前のものを維持されるようにすべきと考えます。

　以上の点を考慮して、当該不利益変更に合理性が認められれば有効と考えます。とすると、これに不満を述べるローパフォーマーの主張には理由がないといえ、新たな制度の下、適正に成果を評価して処遇を決めればよいかと考えます。

　ただし、無用なトラブルを避けるために、人事考課結果のフィードバックを他の従業員よりも時間をかけて丁寧に行い、十分な理解を求めるべきです。

2　会社に損害を与えた者への損害賠償請求

Q　営業社員Aが居眠り運転で営業車の自損事故を起こし、修理代金が10万円かかりました。Aの給与から天引きできますか。

A　従業員の不法行為により損害が発生した場合の損害賠償請求は、従業員に重過失がある場合には認められますが、損害の公平な分担という見地から、せいぜい損害の2分の1までしか請求できないと考えます。請求額の給与からの天引きは、労基法の規定により原則としてできませんが、一定の場合には裁判所も合意

相殺を有効としています。

　まず、使用者が従業員に対して、その不法行為に基づき、損害賠償請求ができるのかが問題となります。

　この点について、使用者が労働者の労働によって経済的利益を上げている以上、労働者の発生させた損害も負うべきであるという「報償責任」の原則の下、損害の公平な分担という見地から信義則上相当と認められる限度においてのみ、損害賠償請求ができると考えます。その結果、従業員が無過失である、または軽過失しかない、というのでは足りず、重過失までないと損害賠償請求はできないと考えます。

　さらに、仮に損害賠償請求ができるとしても、やはり損害の公平な分担という見地から、せいぜい損害の2分の1までしか請求できないと考えます。

　よって、本件でも当該営業社員に居眠り運転等の重過失が認められることを前提として、せいぜい5万円しか請求ができないと考えます。

　では5万円が請求できるとして、給与から天引きできるかが問題となりますが、原則として労基法第24条の全額払いの原則に抵触するためできません。そして、労基法は強行法規であり、仮に労働者が合意しても無効となります。ただし、使用者はもちろんのこと、当該社員も給与とは別途5万円を支払うのは面倒であり、天引きしてほしいと思うでしょう。

　そこで裁判所も一定の場合には合意相殺を有効としており、その場合とは、「当該合意が労働者の自由な意思に基づいてされたものであると認めるに足りる合理的な理由が客観的に存在するとき。」（日新製鋼事件　最判平2.11.26　民集44-8-1085）としています。

　そして、本件も当該社員はいずれにせよ使用者に5万円を支払わなければならない以上、「給与から天引きしてくれ」すなわち、合意相殺は当該社員の自由な意思に基づいてなされたものであると認めるに足

りる合理的な理由が客観的に存在するときに該当するといえます。

よって、当該社員が合意すれば給与から天引きできます。

3　各種手当の不正受給

Q　社員の業務にかかる交通費は毎月実費を支給していますが、営業部社員Aは得意先への経路をごまかしており、事業部社員Bは出張の交通費を水増ししていることが発覚しました。どの程度の懲戒が相当でしょうか。

A　金銭の多寡、回数、期間、当社における十分の量定相場、情状面等々、諸般の事情を考慮した上で、懲戒処分の可否及び軽重を判断しますが、一般的には懲戒解雇までは難しいと考えます。長期間かつ多額、積極的に不正受給を行っていた悪質な不正受給につき懲戒解雇が有効となった裁判例もあり、参考になります。

　各種手当の不正受給は、形式的には会社に対する詐欺罪といえますが、実務で最も多いケースは交通費の不正受給と思われます。

　この場合、金銭の多寡、回数、期間、当社における十分の量定相場、情状面等々、諸般の事情を考慮した上で、懲戒処分の可否及び軽重を判断しますが、一般的には懲戒解雇までは難しいと考えます。

　しかしながら、近時の裁判例で、単身赴任手当等の不正受給において、「原告は、被告の就業規則上の懲戒解雇事由に該当する各行為を行ったものであるところ、その具体的な内容をみても、3年以上の期間において、被告に対し、本来行うべき申請を行わなかったというにとどまらず、積極的に虚偽の事実を申告して各種手当を不正に受給したり、本来支払うべき債務の支払を不正に免れたりするなど、原告と被告が雇用関係を継続する前提となる信頼関係を回復困難な程に毀損

する背信行為を複数回にわたり行い、被告に400万円を超える損害を生じさせたものである。」として懲戒解雇を有効と判断しました（KDDI事件　東京地判平30.5.30　労経速2360-3）。

　懲戒解雇が有効となったポイントとしては、「3年間」と長期間で、「400万円」と多額で、行為態様も積極的に不正受給を行っていて悪質だという点にあると考えます。実務でもとても参考になる裁判例だと考えます。

第9節　ハラスメントに関する問題

1　セクハラの加害者とされた者

Q　社内相談窓口に派遣社員Aからセクハラ被害の訴えがありました。加害者はAと同じ部署の管理職Bだということです。これからBに聞き取り調査をしようと思いますが、どのような点に気をつければよいでしょうか。

A　事実認定作業→セクハラか否かの評価の作業→（セクハラがあったとすれば）加害者の処分の検討、と3段階に分けて考えます。事実認定では被害者→加害者の順で聞き、食い違いがあれば、電子メール等の物証や、周りの第三者からのヒアリングも行います。事実認定を曖昧にせず、積極的に認定していくべきです。

　セクハラとは、均等法第11条に定義がありますが、「職場において行われる性的な言動に対するその雇用する労働者の対応により当該労働者がその労働条件につき不利益を受け、又は当該性的な言動により当該労働者の就業環境が害されること」をいいます。

（1）事実認定作業

　セクハラの「被害者」（と申告してきた者）がセクハラ被害を申告してきた場合ですが、まずは事実認定を行う必要があります。
　ここで注意が必要なのは、会社は「被害者」と「加害者」（と言われ

る者）のどちらかに肩入れするのではなく、あくまで公平・中立な立場を前提にして事実認定の作業を行うことです。

　実務的によくあることとして、「被害者」が非正規社員で、「加害者」が管理職というような場合、会社があたかも「加害者」の代理人かのような立場から、「被害者」の申告した事実をいかに否定するかという対応をとってしまう、すなわち、「被害者」vs 会社（＋「加害者」）という二当事者の対立構造を作ってしまうことがありますが、これは明らかな間違いですので注意してください。

　具体的な事実認定方法ですが、まずは「被害者」からの話を聞いてください。

　「被害者」の話を聞いて、具体的な申告内容を把握した上で「加害者」から話を聞き、双方の話が合致し、そのまま事実認定ができれば、次にその認定された事実を前提とした評価の問題となります。ただ、実際には「被害者」の主張する事実関係と「加害者」の主張する事実関係が一致することは少なく、往々にして全く食い違うことがあります。その場合には、電子メール等の物証や、周りの第三者からのヒアリングも行った上で事実認定をするように努めてください。

　ここで気をつけたいこととしては、「被害者」と「加害者」の主張が「食い違うこと」≠「被害者の主張する事実関係が認められない」ということではありません。すなわち、「被害者」の供述だけでも事実と認められることはあります。

　この点で参考になる裁判例として、「本件当日の経緯に関するＡの証言等は、具体的かつ詳細で、迫真性もある上、終始一貫しており、その内容等に特段不自然・不合理な点はない。……陥れようとする動機は何ら想定することができない。……あえて虚偽のセクシャル・ハラスメント被害を作出したものとは到底考えられない。」（Ｐ大学（セクハラ）事件　大阪高判平24.2.28　労判1048-63）というように、「具体的かつ詳細」、「迫真性」、「終始一貫」、「特段不自然・不合理な点はな

い」、「動機」等の点に着目して、仮に「加害者」の主張する事実関係と食い違うとしても、「被害者」の供述だけをもって事実認定ができるとした点は非常に参考になると考えます。

　むしろ「被害者」と「加害者」の主張が食い違うことだけをもって事実認定を放棄してしまうのであれば、「加害者」が否定すればすべて事実認定ができないことになりますし、そうなってしまうと、「第2」「第3」の被害者が出てくる可能性もあり、その結果、会社が安全配慮義務違反を問われることにもなりかねません。この点は十分に注意しましょう。

　また、「被害者」が被害にあったとする日からかなり時間が経ってから会社に被害申告をしてきた場合に、会社が「本当に被害に遭っているのであれば、すぐに被害申告してくるはずであるから、この被害申告は信用できない。」としてそれだけで門前払いしてしまうケースもあります。

　他にも「被害者」が「加害者」に迎合するような行動があったことをもって、「被害者」の主張を認めないこともよくあります。

　しかしながら、セクハラの被害内容によっては、ショックが大きく、直ちには被害申告できないこともあるので、その点にも十分に留意すべきです。

　また「普通だったら」逃げるであろう、というような、先入観による事実認定もミスリードする可能性が高いので注意が必要です。

　裁判例でも「米国における強姦被害者の対処行動に関する研究によれば、強姦の脅迫を受け、又は強姦される時点において、逃げたり、声を上げることによって強姦を防ごうとする直接的な行動（身体的抵抗）をとる者は被害者のうちの一部であり、身体的又は心理的麻痺状態に陥る者、どうすれば安全に逃げられるか又は加害者をどうやって落ち着かせようかという選択可能な対応方法について考えを巡らす（認識的判断）にとどまる者、その状況から逃れるために加害者と会話を続

けようとしたり、加害者の気持ちを変えるための説得をしよう（言語
的戦略）とする者があると言われ、逃げたり声を上げたりすることが
一般的な対応であるとは限らないと言われていること、したがって、
強姦のような重大な性的自由の侵害の被害者であっても、すべての者
が逃げ出そうとしたり悲鳴を上げるという態様の身体的抵抗をすると
は限らないこと、強制わいせつ行為の被害者についても程度の差はあ
れ同様に考えることができること、特に、職場における性的自由の侵
害行為の場合には、職場での上下関係（上司と部下の関係）による抑
制が働き、これが、被害者が必ずしも身体的抵抗という手段を採られ
ない要因として働くことが認められる。したがって、本件において、
控訴人が事務所外へ逃げたり、悲鳴を上げて助けを求めなかったから
といって、直ちに本件控訴人供述の内容が不自然であると断定するこ
とはできない。」と判示しました（横浜セクシャル・ハラスメント事件
東京高判平9.11.20　労判728-12）。

（2）セクハラか否かの認定

　では前述してきた事実認定作業を行った後は、それがセクハラに該
当するのかどうかの評価の問題となります。
　この点について、無罪推定の働く刑法上の性的犯罪や、民法上の不
法行為（慰謝料請求）を認定する作業ではなく、あくまでも当該職場
における性的な言動により「被害者」の就業環境を害したかどうか、
働きにくくしたかどうかというレベルでセクハラの有無を評価してい
くことを肝に銘じてください。

（3）加害者の処分

　そして、実際にこのレベルでのセクハラが認定されたのであれば、
最後に加害者に対する処分を検討することになりますが、基本的には
懲戒処分を検討することになります。

　刑法上の性的犯罪に該当するような悪質な行為であれば、懲戒解雇もあり得ますが、労働契約の存続を前提とした懲戒処分にとどまる（例えば懲戒処分としての降格や出勤停止等）ことが多いと思われます。

　このように労働契約が存続する場合に、最も重要なことは、被害者の就業環境を回復させることです。そのためには加害者と被害者が職場で会わないようにしなければなりませんが、あくまで加害者を配転するなどして加害者の職場を変えることにより、被害者から引き離してください（ちなみに、人事権に基づく異動ですので、懲戒処分の二重処分ではありません）。

　他方、実務では、加害者が上司で役職者であることから、被害者の方を配転するということが見られますが、これは間違いと考えます。被害者が配転される理由はありません。

　以上がセクハラ被害の申告があった場合の実務対応ですが、事実認定作業→セクハラか否かの評価の作業→（セクハラがあったとすれば）加害者の処分の検討、と3段階に分けて考えるとわかりやすいでしょう。

2　パワハラの加害者とされた者

Q　従業員Aが直属の上司Bからのパワハラ被害を訴えています。確かにBの部下に対する指導は厳しいと聞いていますが、それだけでBを懲戒処分することはできないのではないでしょうか。

A　パワハラの「被害者」から被害申告があった場合の対応手順は、事実認定作業→評価→（パワハラに当たれば）加害者の処分の検討となります。業務命令や注意指導が必要かつ相当な範囲を超えて初めてパワハラとなるため、評価が難しいといえますが、パワハラの6つの行為類型と具体的事例が指針で示されており、指

針を参考にしながら判断するしかないと考えます。

　パワハラについては令和元年改正により、労働施策総合推進法第30条の２第１項にその防止措置義務の定めが規定されました。

　そこでパワハラとは、職場において行われる優越的な関係を背景とした言動であって、業務上必要かつ相当な範囲を超えたものによりその雇用する労働者の就業環境が害されることと定義されました。

　具体例等は指針で示されていますが、６つの行為類型が挙げられています。すなわち、①身体的な攻撃、②精神的な攻撃、③人間関係からの切り離し、④過大な要求、⑤過小な要求、⑥個の侵害とし、それぞれパワハラに該当する可能性が高い事例と低い事例が挙げられています。

　パワハラの「被害者」から被害申告があった場合の対応手順は、上記セクハラと同様、事実認定作業→評価→（パワハラに当たれば）加害者の処分の検討となります。

　セクハラと違ってパワハラの難しいところは、定義にあるとおり、「必要かつ相当な範囲」での業務命令や注意指導は当然許されるどころか、これを行わない上司や管理職は適格性がないとして、人事権に基づいて降職すべきと評価されてしまう点です。

　業務命令や注意指導が必要かつ相当な範囲を「超えて」初めてパワハラとなる、すなわち部下等の業務命令や注意指導を受ける側との相関関係といえます。

　これは上記の指針の具体例にもあるのですが、例えば②精神的な攻撃としてパワハラに当たるかどうかにつき、上司の「厳しく注意をする」というだけではパワハラに当たるかどうかはわかりません。その対象である部下が普段は勤務態度が良好で、初めて遅刻したにもかかわらず、「厳しく注意をした」ということですと、場合によっては必要かつ相当な範囲を「超えた」としてパワハラに当たる可能性がありま

す。

　他方、普段の勤務態度がよくなく、度々注意しているにもかかわらず改善しない部下の遅刻につき改めて「厳しく注意をした」ということであれば、「必要かつ相当な範囲」での注意といえます。

　この点がパワハラと評価する上で難しい点です。

　また、パワハラの定義には「その雇用する労働者の就業環境が害される」という要素も入っていますが、これは当該労働者の主観によるものではなく、あくまで「平均的な労働者の感じ方」によることになります。すなわち、同様の状況で当該言動を受けた場合に、「当該労働者の感じ方」ではなく、あくまで同様の状況で当該言動を受けた場合に、社会一般の労働者の多くが就業する上で看過できない程度の支障が生じたと感じるような言動かどうか、を基準とすべきことになることにも注意してください。

　あとは、上記6つの行為類型のうち、①身体的な攻撃は特段の事情のない限りパワハラに該当、②精神的な攻撃及び③人間関係からの切り離しも基本的にはパワハラに該当すると考えます。

　他方、④過大な要求、⑤過小な要求、及び⑥個の侵害はケースバイケースであり、この点は指針の具体例を参考にしながら、上記定義に照らし合わせて判断するしかないと考えます。

　そしてパワハラと評価されたのであれば、その処分はセクハラと同様、労働契約を解消するほど悪質ではない限り、労働契約を存続する処分（懲戒による降格や出勤停止）とともに、被害者の就業環境の回復のために、人事権に基づく加害者の配転が必要と考えます。

　なお、実務で問題となる事例として、問題を起こした従業員を異動させた場合に、「パワハラだ」と主張されることがありますが、近時の裁判例では「問題行為を起こした従業員が、問題行為の性質上、従前の担当業務を担当させられない場合において、業務軽減の必要のない他の従業員の担当業務の一部を担当させることを、その一事をもって

懲罰目的であるとか、難易度が低く業務上必要のない過少な行為を行わせるものとしてパワーハラスメントに該当するとかいうには、無理がある。」（東芝総合人材開発事件　東京高判令元.10.2　労判1219-21）というように従業員の主張を否定しました。

　会社としては、このような異動はやむを得ないと考えますので、実務では参考になる裁判例といえます。

　他方、実際にはパワハラと認められなかったとしても、「被害者」が私傷病により休職している場合があり、当該「被害者」が復職する際に「被害者」の希望、例えば「加害者」と言われる方を異動することまで必要かにつき、実務では悩むことがあります。これは使用者の職場環境配慮義務の問題といえます。

　この点について、近時の裁判例では、「休職期間中であった従業員が復職するに際しては、使用者においても、復職のための環境整備等の適切な対応を取ることが求められる。もっとも、その個別的な内容については、法令等で明確に定められているものではなく、使用者が事業場の実情等に応じて、個別に対応していくべきものといえる。」という一般論を述べた上で、まず「復帰プログラムという形態での支援がなかったとしても、それをもって被告会社が環境整備等の義務を怠ったとまではいえない。」というように復帰プログラムに触れた上で、「原告（筆者注：「被害者」）と被告（筆者注：「加害者」）の関係が良好とは言い難いことは認められるが、被告のパワハラがあったとまでは認定できないことは上記のとおりであるうえ、原告と被告が顔を合わせる機会が相当程度に限定されていることや、人事権の行使は使用者の合理的な判断に委ねられるべきものであることも総合すれば、被告会社において、原告か被告のいずれかを他に配転するような義務があるとまでは認められない。」と判示しました（ビーピー・カストロールほか事件　大阪地判平30.3.29　労判1189-118）。

　すなわち、「加害者」と「被害者」が顔を合わせる機会の頻度に対す

る配慮等は一定程度必要かと考えますが、それを超えて積極的に人事権を行使しての配転までは不要（職場環境配慮義務はない）と判断しており、実務では非常に参考となる裁判例といえます。

第10節　退職時に関する問題

1 資格取得後、直ちに退職した

Q 　人手不足の折柄、当社の業務を遂行するのに必要な資格を取得するための費用を当社が負担し、ようやく人員Aを確保することができました。ところが、Aは資格取得後、直ちに退職してしまいました。資格取得にかかった費用を返還してもらえるでしょうか。

A 　労基法第16条では違約金制度や損害賠償額の予定制度を禁じていますが、会社による資格取得等の金銭負担は、その金銭負担により労働契約の継続を不当に強要するものではない場合には本条に抵触しません。具体的には、①従業員の自由意思か、それとも業務命令に基づくものなのか、②立替金か、それとも業務の必要経費と評価されるのか、③別途、金銭消費貸借契約を締結しているのか否か、という観点から検討することになると考えます。

　会社としては、会社の業務遂行に活かしてもらうために、わざわざ費用を出して資格を取得させたわけですから、会社はその費用の返還を求めたいと考えているでしょう。

　しかしながら、労基法第16条では労働契約の不履行の場合に、違約金を定めたり、一定額の損害賠償を支払うことを、労働者と約束すると労働の強制や自由意思を不当に拘束することから、このような違約

金制度や損害賠償額の予定制度を禁じています。とすると、そもそも会社は返還に関する約束をしていないのであれば返還を求めることができないことは明らかですが、本件のように業務遂行に必要な資格取得のための費用であれば、会社が負担すべき経費といえますので、この点からも返還を求めることは本条に抵触すると考えます。

　他方、会社からの費用負担が労働契約の履行とは無関係に、援助としての純粋な金銭消費貸借契約によるものであり、一定期間労働した場合には結果的に返還義務を免除するにすぎないと評価できる場合には本条に抵触しないと考えられます。

　これに関連して、特定の技能訓練の費用を使用者が貸与し、その条件として一定期間当該使用者の下で勤務した場合には費用の返還の必要はないが、その一定期間勤務しなかった場合には返還させるという事案において、

① その費用の計算が合理的な実費であること
② その金員が使用者の立替金である（事業の必要経費ではない）と解されること
③ その金員の返済によりいつでも退職できること
④ 短期間の就労であって不当な雇用関係の継続を強要するものではないこと

を理由として、本件貸付は本条に抵触しないと判断されました（藤野金属工業事件　大阪高判昭43.2.28　労経速637・638-12）。

　他にも実務で問題となる同様のケースとしては、留学費用の負担の問題がありますが、いずれにしても、次の観点から会社による当該金銭負担により、労働契約の継続を不当に強要するものではないかどうかを検討することになると考えます。

ⅰ 従業員の自由意思か、それとも業務命令に基づくものなのか
ⅱ 立替金か、それとも業務の必要経費と評価されるのか
ⅲ 別途、金銭消費貸借契約を締結しているのか否か

　なお、近時の裁判例として、修学資金の貸付につき、「貸付の趣旨や実質、本件貸付規定の内容等本件貸付に係る諸般の事情に照らし、貸付金の返還義務が実質的に被控訴人の退職の自由を不当に制限するものとして、労働契約の不履行に対する損害賠償額の予定であると評価できる場合には、本件貸付は、同法16条に反するものとすべきである。」との規範を立てた上で、「実質的には、経済的足止め策として、被控訴人の退職の自由を不当に制限する、労働契約の不履行に対する損害賠償の予定であると言わざるを得」ないと判断しました（医療法人杏祐会元看護師ほか事件　広島高判平29.9.6　労判1202-163）。

2　退職の意思表示の撤回

Q　3日前に「会社を辞めます」と申し出た従業員Aが、退職の意思を撤回してきました。すでに社内決裁に回していますし、人員補充のためにも動き出していて、これ以上Aに振り回されてはたまったものではありません。

A　従業員が退職の意思表示をしただけでは合意退職の効力は発生していないため、使用者が承諾の意思表示をし、従業員にこれを伝えるまでは、従業員は退職の意思表示を撤回できるのが原則です。いたずらに撤回されないように、速やかに従業員に対して承諾の意思表示をすべきと考えます。

　（合意）退職の意思表示とは退職の申込みであり、相手方の承諾があって労働契約が終了することになります。通常、従業員が退職の意思表示をし、使用者が承諾の意思表示をします。とすると、従業員が退職の意思表示をしただけでは、合意退職の効力は発生していないため、使用者が承諾の意思表示をし、従業員にこれを伝えるまでは、従

業員は退職の意思表示を撤回できるのが原則です。

　よって、使用者側が内部的な決裁を行っただけで、従業員にその承諾の意思表示を伝えていないとか、伝えたつもりになっていたとか、放置していたということであれば、従業員は退職の意思表示の撤回ができてしまうことには注意をしてください。

　では使用者が承諾の意思表示をしなければ従業員はいつまでも退職の意思表示の撤回ができるかというと、信義則により制限されることにはなります。

　裁判例でも「この撤回が債務者に不測の損害を与える等信義に反すると認められるような特段の事情がある場合には、その撤回の効力は生じないものと解すべきである。そこで本件についてこれを検討するに、前記認定の債務者改良区の事業内容、経費の原資、構成員の特質、退職願提出までの経緯、その後撤回までの期間等の諸事情を総合すると、この撤回の効力を認めるとすれば、債務者が債権者の解職を前提として進めていた手続を債権者の意思による退職を尊重する方向で検討し直し、そのための措置をとったうえ、退職予定時期後の事業改善のための体制が整った段階に至り、債務者改良区の組合員、役員に大きな混乱と不測の損害を与えることになると解されるのであって、かかる結果を生じさせる本件退職願の撤回は、信義に反するものとして効力を生じないものといわざるをえない。」と判示した（佐土原町土地改良区事件　宮崎地判昭61.2.24　労判492-109）ように、不測の損害が発生することになる要素として撤回までの期間等を挙げて撤回は信義則違反で許されないとしています。

　他方、退職の意思表示と同様に労働契約を終了させる効果を持つ意思表示としては、辞職の意思表示があります。

　すなわち、辞職とは労働者が一方的に労働契約を終了させる意思表示であり、原則として意思表示から2週間経過することによって終了することになります。とすると、従業員が会社に対して「会社を辞め

ます」と申し出てきた場合に、合意退職の意思表示であれば、会社の承諾が必要となりますが、他方、辞職の意思表示だと会社の承諾なく２週間経過により終了することになる、すなわち会社の承諾は不要であり、従業員は意思表示に瑕疵がある等の特段の事情がない限り、撤回することができません。

　そこで退職と辞職との区別が重要になってきますが、「辞職の意思表示は、生活の基盤たる従業員の地位を、直ちに失わせる旨の意思表示であるから、その認定は慎重に行うべきであって、労働者による退職又は辞職の表明は、使用者の態度如何にかかわらず確定的に雇用契約を終了させる旨の意思が客観的に明らかな場合に限り、辞職の意思表示と解すべきであって、そうでない場合には、雇用契約の合意解約の申込みと解すべきである」（大通事件　大阪地判平10.7.17　労判750-79）とか、「労働者が使用者の同意を得なくても辞めるとの強い意思を有している場合を除き、合意解約の申込みであると解するのが相当である」（全自交広島タクシー支部事件　広島地判昭60.4.25　労判487-81）というように、例外的に、辞職の意思表示と評価するためには従業員が「客観的に明らかにしている」「使用者の同意を得なくても辞めるとの強い意思を有している」場合に限られるようです。

　よって、実務的には従業員が「会社を辞めます」と申し出てきたのであれば、原則として退職の意思表示と捉えて、いたずらに撤回されないように、速やかに承諾の意思表示をすべきと考えます。

3　再就職後に解雇を争ってきた元従業員

Q　元従業員Ａは自己都合で退職しましたが、再就職後１年ほど経って、「不当な解雇だった」として地位確認を求める内容証明を送りつけてきました。再就職先は当社と同規模で、当社在職時と同程度の給料を得ていると思われるのに、本気で争

うつもりなのでしょうか。

A 　裁判では、元の会社と同等かそれ以上の賃金を得るようになり、かつ一定程度の期間、就労している場合、再就職をしたことにより、元の会社での就労意思が喪失したと評価される場合があります。

　このような場合において、再就職をしたことにより、元の会社での就労意思が喪失したと考えられる場合があります。

　近時の裁判例でも、「原告らは、……本件各解雇からほとんど間を置かずに、同業他社に就職するなどしてトラック運転手として稼働することにより、……概ね本件各解雇前に被告において得ていた賃金と同水準ないしより高い水準の賃金を得ていたものである……。……原告Ｘ１については、遅くともＡに再就職した後約半年が経過し、本件各解雇から１年半弱が経過した平成29年11月21日の時点で、原告Ｘ２及び原告Ｘ３については、遅くとも本件各解雇がされ再就職した後１年が経過した同年６月21日の時点で、いずれも客観的にみて被告における就労意思を喪失するとともに、被告との間で原告らが被告を退職することについて黙示の合意が成立したと認めるのが相当である。」（新日本建設運輸事件　東京地判平31.4.25　労経速2393-3）と判断しています。

　すなわち、他社に再就職することにより、当該元従業員は元の会社での就労意思を喪失し、黙示の退職合意が成立するとの法律構成により労働契約は終了するとのことで、実務的にも参考になる裁判例といえます。

　ただ気をつけておきたいこととして、単なるアルバイト等だと生活のための「繋ぎ」であり、元の会社での就労意思を喪失したとまでの評価はなされないと考えます。また、失業給付を受けるということも

同様のことがいえます。

　あくまでも上記裁判例のように元の会社と同等かそれ以上の賃金を得るようになり、かつ一定程度の期間、就労していることが前提になると考えます。

4　競業避止義務に反する転職

Ｑ　競業避止義務に関する誓約書に違反して競業する会社に転職した従業員がいます。退職金を不支給にできるでしょうか。

Ａ　競業避止義務に関する誓約書の有効性は、その労働者の地位、担当業務の種類、期間・場所、代償措置の有無等の事情を総合的に勘案して、合理性がある場合のみ契約として有効であると考えます。誓約書が有効であったとしても、退職金不支給などの考えられる対抗手段の実益には疑問があると言わざるを得ません。

（1）競業避止義務に関する誓約書の有効性

　労働者には憲法上、職業選択の自由があり、転職先が元の会社と競業関係にあっても転職できるのが原則です。しかしながら、会社にとってみれば、当社の労働者が競業する他社に転職することにより、当社に損害が発生することを避けたいという想いも理解できます。

　競業避止義務に関する誓約書の有効性の問題は、まさに上記労働者と会社の利益・想いのぶつかり合いであり、利益調整の問題といえます。そして、その誓約書の有効性は、その労働者の地位、担当業務の種類、期間・場所、代償措置の有無等の事情を総合的に勘案して、合理性がある場合のみ契約として有効であると考えます。

　ここで気をつけて頂きたいのは、労働者が自由な意思で誓約書に署

名捺印していても、契約として有効となるためには、合理性がある場合のみであるということです。

またその判断は厳しく、近時の裁判例でも「退職後の競業禁止の合意は、労働者の職業選択の自由を制約するから、その制限が必要かつ合理的な範囲を超える場合は公序良俗に反し、無効である。」とした上で、「被告はいわゆる平社員にすぎないうえ、原告への在籍期間も約1年に過ぎない。他方、競業禁止義務を負う範囲は、退職の日から3年にわたって競業関係に立つ事業者への就職等を禁止するというものであり、何らの地域制限も付されていないから、相当程度に広範と言わざるを得ない。」「被告は、業務手当の中には、みなし代償措置として設けられているとしても、その額は、被告の在籍期間全部を通じても総額で3万円ほどにすぎず、上記のような広範な競業禁止の範囲を正当化するものとは到底言えない。」として、「そうすると、本件誓約書による競業禁止の範囲は合理的な範囲にとどまるものとはいえないから、公序良俗に反し無効であ」る、と判示しています（リンクスタッフ元従業員事件　大阪地判平28.7.14　労判1157-85）。

また、他の近時の裁判例でも、退職時に提出した誓約書の中に競業避止義務に関する条項があり、その内容は、

「第6条　私は、貴社を退職した日から1年間は、貴社の書面による事前の許可を得ることなく、次の行為を行いません。

1号　貴社及び貴社の顧客が所在する場所（東京都、神奈川県、千葉県、埼玉県。以下、「一都三県」という。）にて事業を営む、貴社と競業関係にある事業者に在籍、就職、あるいは役員に就任すること。

2号　一都三県において、自ら貴社と競業関係に立つ事業を行うこと。」

というもので、これを前提として、裁判所は、「本件誓約書6条は、被告Yに対し、原告退職後1年間、事前の許可なく、一都三県において原告と競業関係にある事業者に就職等をすることを禁止していると

ころ、かかる制限は被告Yの職業選択の自由を制限するものである上、原告との間で有期労働契約を締結し、主として登録派遣社員の募集や管理等を行っていたにすぎない被告Yについて、制限の期間や範囲は限定的であるものの、原告の秘密情報の開示・漏洩・利用の禁止や、従業員の引抜行為等の禁止をする以上の制限を課すべき具体的必要性が明らかではなく、かかる制限に対する特段の代償措置も設けられていないことなどを考慮すると、本件誓約書6条は公序良俗に反し無効である。」と判示しました（アクトプラス事件　東京地判平31.3.25　労経速2388-19）。

　すなわち、「退職後1年間」と「一都三県」に限定していることは評価されているものの、他の条項で制限している秘密情報漏洩等の禁止や引抜行為の禁止に加えて競業避止義務を負わせる具体的必要性が不明であることと、代償措置がなく一方的な不利益を課すことが重視されて無効になったといえます。

　以上のことから考えますと、競業避止義務を負わせる誓約書を有効とするためには、管理職程度の地位で、ある程度専門性のある職種で、長くとも2年間程度に抑え、「関東圏」程度の地域制限を付け、代償措置として少なくとも数十万円というインセンティブが必要なのではないかと考えます。

（2）対抗措置の実益

　仮に誓約書が民事上の契約として有効だとして、その対抗措置として、一般的に、次のものが考えられます。
① 　退職金の不支給
② 　競業行為の差止
③ 　損害賠償請求
　①は、退職金規程でその旨の明確な規程が存在することが必要といえます。また、仮に存在するとしても、やはり裁判所が限定解釈をし

て支払いを命ずる可能性も否めません。

　ただ、この点について近時の裁判例で、競業避止義務に関する約束が有効であることを前提として、「被告は、本件退職合意書を提出した後、本件競業禁止約束が上記合意書に記載されていたこと及びそれを前提にして早期退職割増金が支払われることを認識していた……のであるから、信義則上、当該事情を告知する義務もしくは当該事情を告げて不測の損害を与えないよう配慮すべき注意義務を負っていたというべきであって、それ以降、競業他社への就職活動を慎むか、何らかの事情告知をするのが通常である。ところが、被告は、全く意に介することなく、本件競業禁止約束に違反することを明確に認識した上で、Ｂ社の面接を受け、退職日よりも前に同社の採用決定告知を受けていながら、誤信状態の下で早期退職割増金の給付を準備する原告には何も告げず、本件早期退職割増金全額の支払を受けた被告の行為は、不作為の欺罔行為によって本件早期退職割増金を詐取したものと評価すべきであり、原告に対する不法行為が成立するというべきである。」（競業差止等請求事件　京都地判平29.5.29　判タ1464-162）と判示しました。

　すなわち、単に①退職金の不支給ではなく、不作為の欺罔行為による詐取と評価して、不法行為構成をとったところに特徴があります。

　②は、そもそも１年間や２年間と限定された期間のみですので、当該退職者と争っている間に当該期間が徒過してしまう可能性が高く、あまり実益がないように思えます。

　③は、損害額と因果関係の立証が難しいと考えます。すなわち、会社の売上ダウンは市況やトレンドその他様々な要因が複雑に絡み合っているでしょうから、退職者が競合会社に転職して就労することにより発生した会社の損害額自体の立証とその転職との因果関係の立証が極めて難しいと考えます。

　よって、そもそも誓約書の有効性を担保することが難しく、仮に有

効だとしても、考えられる対抗手段の実益に疑問があると言わざるを得ません。であれば、実務的には、誓約書の有効性及び対抗手段の実益はさておき、退職者に誓約書を提出させることにより、一定の心理的な抑止効果を期待するという程度に留まると割り切ることも必要なのではないかと考えます。

第11節　その他各種服務規律違反、企業秩序違反への個別対応

1　会社批判や誹謗中傷を繰り返す

Q　SNSで会社批判や上司への誹謗中傷を繰り返す従業員がいます。懲戒処分や強制的な削除はできるでしょうか。

A　SNSは私生活上の行為であることが多いことから、原則として会社は企業秩序違反行為として懲戒処分をすることができません。しかし、会社の名誉や信用を低下させたり、さらには毀損させるような場合には、それは企業秩序違反行為と評価し得るため、懲戒処分の対象となります。そして、禁止行為は服務規律等で明確に規定しておきましょう。

　会社批判や会社を誹謗中傷する手法として、会社役員や上司に面と向かって批判・誹謗中傷するよりも、昨今はSNS上で批判・誹謗中傷することが増加しています。問題は、このSNSは私生活上の行為であることが多いことから、原則として会社は企業秩序違反行為として懲戒処分をすることができないことです。

　もっとも、当該会社批判や誹謗中傷が会社の名誉や信用を低下させたり、さらには毀損させるような場合には、それは企業秩序違反行為と評価し得るため、懲戒処分の対象となります。

　この点、最高裁もSNSではなくビラ配布ではありますが、会社を誹謗中傷する内容のビラを就業時間外に会社社宅に配布したことを理由

として懲戒処分した事案につき、その懲戒処分を許されるものとしています。

すなわち、「企業秩序は、通常、労働者の職場内又は職務遂行に関係のある行為を規制することにより維持しうるのであるが、職場外でされた職務遂行に関係のない労働者の行為であっても、企業の円滑な運営に支障をきたすおそれがあるなど企業秩序に関係を有するものもあるのであるから、使用者は、企業秩序の維持確保のために、そのような行為をも規制の対象とし、これを理由として労働者に懲戒を課することも許される」（関西電力事件　最判昭58.9.8　判時1094-121）というように、私生活上の行為であっても、企業秩序に関係を有せば、懲戒処分等の労務管理の対象になると判示しています。

会社としては、当該労働者を懲戒処分するだけではなく、通常、そのような批判・誹謗中傷を削除してほしいと考えます。もちろん、当該労働者が任意で削除してくれるのであれば、それに越したことはありませんが、当該労働者との信頼関係は損なわれていると思われることから任意で削除してくれることはなかなか期待できません。

そこで会社は当該労働者に対し、削除命令という業務命令により強制的に削除させられないかが問題となりますが、労働契約内容である就業規則に違反している部分については削除命令ができると考えますが、それを超える範囲については、会社は業務命令権を有しておらず、その結果、削除命令はできないと考えます。

裁判例でも「被告は、同社と労働契約を締結している原告に対し、同契約の範囲内で業務命令を行う権利を有するというべきであるが、……HPを閉鎖するよう命じた業務命令は、HPで公開されていた同人作成の文書のうち、就業規則上問題となる記載部分を特定することなく、HP全体の閉鎖を命じたものであるから、その業務命令権の範囲を逸脱した無効なものというべきである。」と判示しました（日本経済新聞社（記者HP）事件　東京地判平14.3.25　労判827-91）。

　なお、削除命令が奏功して、当該労働者の書き込みが削除されたとしても、すでにインターネット上で拡散されてしまっていることが予想されます。この場合には当該労働者の削除行為だけでは如何ともし難い状況になっていますので、会社は専門業者等に依頼し、その費用を当該労働者に損害賠償請求により負担させることが考えられますが、その際に、当該労働者の誹謗中傷行為と拡散された結果の損害との間に因果関係が認められるのかが問題となり得ると考えます。

　では参考までに服務規律としての規定例を挙げておきます。

【規定例】

> 　会社の内外を問わず、会社または他の従業員の名誉や信用を毀損するような内容のブログ、ツイッター、フェイスブック等のソーシャル・ネットワーキング・サービス（SNS）、動画サイト、またはインターネット上の掲示板等への投稿を行ってはならない。

2　無断で録音する

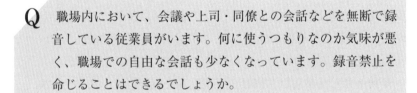

Q　職場内において、会議や上司・同僚との会話などを無断で録音している従業員がいます。何に使うつもりなのか気味が悪く、職場での自由な会話も少なくなっています。録音禁止を命じることはできるでしょうか。

A　会社の就業規則に無断での録音を禁ずる旨が規定されているのであれば、これに基づき、録音を禁止する権限があるといえます。就業規則に規定がなくても、会社には労働契約上、指揮命令権及び施設管理権がありますので、これに基づき、録音を禁ずる権限があるというべきです。

　会議や上司・同僚・部下との会話等、職場において常にボイスレコーダーを持ち歩き、無断で録音をしている従業員がいますが、このような従業員の言い分としては「保身のため」というようなことが考えられます。

　これに対し、会社はこのような無断での録音を禁じられないかが問題となります。

　まず、会社の就業規則に無断での録音を禁ずる旨が規定されているのであれば、これに基づき、録音を禁止する権限があるといえます。もっとも、就業規則にこのような録音を禁ずる旨はなかなか規定されていないと思われますが、このような規定がない場合には一切録音を禁ずる権限がないのかといいますと、そもそも会社には労働契約上、指揮命令権及び施設管理権がありますので、これに基づき、録音を禁ずる権限があるというべきです。

　そして、職場内において無断で録音をしているという状況であれば、他の従業員がこれを嫌忌して自由な発言ができなくなって職場環境が悪化したり、営業上の秘密が漏洩する危険が大きくなったりするため、職場での無断録音が実害を有することは明らかといえます。

　よって、会社は当該従業員に対して録音禁止を命ずることは十分に必要性の認められる正当なものといえます。近時の裁判例でも同様の判断がなされています（甲社事件　東京地裁立川支判平30.3.28　労経速2363-9）。

　会社が当該従業員に対して、録音禁止を命じたにもかかわらずこれに応じないのであれば、業務命令違反として懲戒処分が可能といえますし、これに対し改善の姿勢が窺えないのであれば、普通解雇も検討すべきと考えます。

3 行方不明

Q　当社の従業員Ａが行方不明になってしまいました。解雇してしまってよいでしょうか。

A　最終的には普通解雇を検討することになりますが、まずは出社命令などにより、単に出社拒否をしているだけなのかどうかを確認しましょう。そして出社拒否である場合、または、行方不明で出社不能である場合には、普通解雇を検討することになります。なお、このような事態に備えて、就業規則の当然退職の事由の一つとして、行方不明を入れておくべきと考えます。

　従業員が出社せず、行方不明になった場合ですが、まずご家族等からその行方について心当たりがないか尋ねてみましょう。

　仮に従業員の居場所が判明したのであれば、会社での就労意思がないとして最終的には普通解雇を検討することになりますが、まずは出社を命ずるべきです。

　この出社命令は抽象的に「本社に出社せよ」と言うだけでは足りず、具体的に「○月○日○時　本社○階」と特定して、従業員が後から「具体的にどこに行けばいいのかわからなかった。」という言い訳をされないようにしてください。

　そして何度か出社を命令しても、全く応じる意思がない場合には普通解雇を検討しましょう。

　他方、やはり行方不明であった場合ですが、この場合も普通解雇をすることが考えられます。

　ただ問題は、普通解雇は使用者からの従業員に対する労働契約を解消する一方的意思表示であり、その到達が必要となりますが、行方不

明ですから当該意思表示を到達させることができません。

そこで、法的には公示送達により到達させることになりますが、手続きが煩雑であり、実務的にはほとんど利用されていないと思われます。

他方、法的には無効ではありますが、実務的によく行われていると思われる処理は、身元保証人等から退職届を提出してもらうという方法です。身元保証人等は、従業員が行方不明の状態のため退職届を提出したという状況を考えますと、その身元保証人等があえて従業員の退職を争うというのは考え難いので、このように退職届を提出してもらうという方法もあり得るということは参考になると思います（もちろん法的にはお勧めしませんが。）。

いずれにしても、以上の方法は手続きが煩雑であったり、そもそも法的に無効であったりするため、就業規則の当然退職の事由の一つとして、行方不明を入れておくべきと考えます。

具体的には、次のような条項がよろしいかと考えます。

【規定例】

> 従業員が次の各号の1つに該当するときは、その日を退職の日とし、その翌日に従業員としての身分を失う。
> ……会社に連絡が無く30日を経過し、会社が所在を知らないとき。

4 給与を差し押さえられた

Q 多重債務者で給与まで差し押さえられた従業員がいます。初めてのことで経理担当者も混乱しており、このような混乱を引き起こす者は懲戒処分したいと思いますが、いかがでしょうか。

A 　貸金業者が従業員の第三債務者である会社に対する賃金債権を差し押さえることにより、会社の事務処理に一定程度の負担が生じることは否めませんが、これだけをもって懲戒処分というわけにはいきません。また、自己の金銭管理が「だらしない」というだけでも懲戒処分というわけにはいきません。

　かつては貸金業者が会社まで取り立てにくるなどして、会社業務が停滞した結果、当該従業員に対する処分を検討していたということもありましたが、今は貸金業法（第21条）で規定する取り立て行為の規制により、そのようなことはありません。

　ただし、貸金業者が従業員の第三債務者である会社に対する賃金債権を差し押さえることにより、会社の事務処理に一定程度の負担が生じることは否めませんが、これだけをもって懲戒処分というわけにはいきません。

　また、自己の金銭管理が「だらしない」というだけでも懲戒処分というわけにはいきません。

　他方、従業員が経理担当者等の「金銭」を取り扱う部署に配属されている場合に、他の部署へ配転を命ずることができるかが問題となりますが、対外的信用を含め、そのまま金銭を取り扱う部署に配属しておくのが不都合であり、他の部署へ配転を命じる必要性が認められるような場合にはその命令は認められると考えます（ただし、具体的な場面を想起できませんが）。

　ということで、懲戒処分は難しく、せいぜい配転を命ずる程度かと考えます。

第3章　問題社員に関する裁判例

解雇権濫用法理確立（最高裁）

1　日本食塩製造事件　最判昭50.4.25　労判227-32

事案概要

　被上告会社とＡ労働組合との労使対立に起因して、上告人を懲戒解雇し、その他の組合員も出勤停止等の懲戒処分とした。

　これに対し、Ａ労働組合は神奈川地労委に不当労働行為救済申し立てをしたところ、同委員会において、被上告会社とＡ労働組合との間で、懲戒解雇を含む懲戒処分を撤回するとともに、上告人は退職する等という内容で和解した。

　しかしながら、上告人が上記和解内容に従った退職を拒んだため、Ａ労働組合は「離籍」（除名）処分とし、被上告会社はＡ労働組合とのユニオン・ショップ協定に従って解雇した。

　これに対し上告人は上記除名処分及び解雇が無効だと主張して提訴した。

判決要旨

　「思うに、使用者の解雇権の行使も、それが客観的に合理的な理由を欠き社会通念上相当として是認することができない場合には、権利の濫用として無効になると解するのが相当である。……労働組合から除名された労働者に対しユニオン・ショップ協定に基づく労働組合に対する義務の履行として使用者が行う解雇は、ユニオン・ショップ協定によって使用者に解雇義務が発生している場合にかぎり、客観的に合理的な理由があり社会通念上相当なものとして是認することができるのであり、右除名が無効な場合には、前記のように使用者に解雇義務が生じないから、かかる場合には、客観的に合理的な理由を欠き社会的に相当なものとして是認することはできず、他に解雇の合理性を裏づける特段の事由がないかぎり、解雇権の濫用として無効であるといわなければならない。」

　「本件についてこれをみるに、……上告人が、本件離籍は無効であり、したがって、右ユニオン・ショップ協定に基づいてした解雇は無効であると

主張したのに対し、原審が、本件離籍（除名）の効力について審理判断することなく、除名の有効無効はユニオン・ショップ協定に基づく解雇の効力になんら影響を及ぼすものではないとして、上告人の主張を排斥したのは、ユニオン・ショップ協定に基づく解雇の法理の解釈を誤り、そのため審理不尽に陥り、ひいては理由不備の違法を犯したものというべきである。したがって、論旨は理由があり、原判決は破棄を免れない。」

2　高知放送事件　最判昭52.1.31　労判268-17

事案概要

　被上告人は上告会社の編成局報道部勤務のアナウンサーであるが、昭和42年2月22日午後6時から宿直勤務であったところ、同月23日午前6時20分まで仮眠していたため、午前6時から10分間放送されるべき定時ラジオニュースをまったく放送できなかった（第1事故）。また、同年3月7日から宿職勤務に従事したが、寝過ごしたため同月8日午前6時からの定時ラジオニュースを約5分間放送することができなかった（第2事故）。

　さらに被上告人は、第2事故については、上司に事故報告せず、その後上司から事故報告書の提出を求められたところ、事実と異なる事故報告書を提出した。

　そこで上告会社は被上告人を懲戒解雇とすべきところ、再就職など将来を考慮して、普通解雇とした。

判決要旨

　「普通解雇事由がある場合においても、使用者は常に解雇しうるものではなく、当該具体的な事情のもとにおいて、解雇に処することが著しく不合理であり、社会通念上相当なものとして是認することができないときには、当該解雇の意思表示は、解雇権の濫用として無効になると考える。

　本件においては、被上告人の起こした第1・第2事故は、定時放送を使命とする上告会社の対外的信用を著しく失墜するものであり、また上告人が寝過ごしという同一態様に基づき特に2週間内に2度も同様の事故を起こしたことは、アナウンサーとしての責任感に欠け、さらに第2事故直後

においては率直に自己の非を認めなかった等の点を考慮すると、被上告人に非がないということはできないが、他面、……本件事故は、いずれも被上告人の寝過ごしという過失行為によって発生したものであって、悪意ないし故意によるものではなく、また……本件第1・第2事故ともファックス担当者においても寝過ごし、定時に被上告人を起こしニュース原稿を手交しなかったのであり、事故発生につき被上告人を責めるのは酷であること、被上告人は、第1事故については直ちに謝罪し、第2事故については起床後一刻も早くスタジオ入りすべく努力したこと、第1・第2事故とも寝過ごしによる放送の空白時間はさほど長時間とはいえないこと、上告会社において早朝ニュース放送の万全を期すべき何らの措置も講じていなかったこと、事実と異なる事故報告書を提出した点についても、……被上告人の誤解があり、また短時間内に2度の放送事故を起こし気後れしていたことを考えると、右の点を強く責めることはできないこと、被上告人はこれまで放送事故歴がなく、平素の勤務成績も別段悪くないこと、第2事故のファックス担当者は譴責処分に処されたにすぎないこと、上告会社においては従前放送事故を理由に解雇された事例はなかったこと、第2事故についても結局は自己の非を認めて謝罪の意を表明していること等の事実があるというのであって、右のような事情のもとにおいて、被上告人に対し解雇をもってのぞむことはいささか苛酷にすぎ、合理性を欠くうらみなしとせず、必ずしも社会的に相当なものとして是認することはできないと考えられる余地がある。したがって、本件解雇の意思表示を解雇権の濫用として無効とした原審の判断は、結局、正当と認められる。」

身体検査・所持品検査の適法性

3　日立物流事件　浦和地判平3.11.22　判タ794-121

事案概要

　原告は引っ越し作業員であるが、客の財布がなくなったことから、営業所長は、原告がなくなった「財布の近くで作業を行った可能性があるので、所持品検査と身体検査を実施することを決意し、まず、目の前に立っていた原告に対し、ポケットの中身を全部出すように指示した。原告はこれに従い、ポケットの中身を全部机の上に提示した。営業所長は、原告に対し、これで全部かと尋ね、さらに、手で同人の身体を着衣の上から、胸から腹部、腰にかけて触って、財布が入っていないかを調べたが、たまたま同人の腰部に固いものがあったことから、これは何かと尋ねた。原告は、右の質問に対し、以前から腰痛で、腰痛防止ベルトをしている旨答えた。(右の身体検査を以下改めて、「本件身体検査」という。)

　その後、営業所長は、……引っ越しから持ち帰った塵の中に被害者の財布が紛れ込んでいる可能性を考えて、ごみ捨て場へ行った。原告も守衛室から出て、引っ越し作業に乗って行った車をホームに付け、荷物を降ろす作業に入った。さらに営業所長は、同車の運転席と荷台に梱包用具があり、この中に被害者の財布が紛れ込んでいないかと考え、同車のダッシュボードを開けたり、運転席の背もたれを剥がしてホーム袋を取り出すなど運転席と荷台を調べた。(以下改めて「所持品検査」という。)」

　以上の各検査の違法性が問題となった。

判決要旨

　「本件身体検査をふくむ本件所持品検査の方法は、これを客観的にみると、原告が顧客の財布を窃取したとの疑いを持たれたとの印象を与えるものである。そして……に認定したところによれば、原告が本件所持品検査を受けた事実は、営業所の従業員Aや、B梱包のCやDにも知られたとみることができるから、本件所持品検査により原告の社会的評価が低下され、その名誉や同僚らに対する信用が侵害されたことは明らかである。

　……本件身体検査により、原告が腰痛防止ベルトをしていることが暴露
されたものであって、本件身体検査により、原告の私生活上の秘密保有の
利益いわゆるプライバシーが侵害されたということができる。

　……そして、原告が従来社内で受けていた評価、本件身体検査を含む本
件所持品検査の目的・態様、その後の営業所長らの対応等、諸般の事情を
考慮すると、原告が……名誉毀損等により被った精神的苦痛を慰謝するた
めには金30万円が相当である。」

改善機会付与の要否及びその程度

4　海空運健康保険組合事件　東京地判平26.4.11　労判1122-47、東京高判平27.4.16　労判1122-40

事案概要

　原告は被告組合に中途採用され、その後課長職となったものの、課員と見解の対立を深め、その信頼を損なうことがあり、管理業務を適切に遂行することができなくなった。

　そこで、被告組合は原告を他部署に異動させ、一般課員に降職した。

　しかしながら、原告は業務上のミスや遅滞を引き起こしていたため、担当業務を変更したものの、それでも改善は見られず、むしろ日常事務処理の過誤や遅滞が増え、他の課員の補助によっても対応しきれなくなった。

　そこで、被告組合は原告の上記ミス等は精神疾患に由来しているのではないかと疑い、原告に医師の受診を勧め、実際に受診したものの、精神疾患との診断はなされなかった。

　以上を踏まえ、被告組合は原告に改善は認められないとして解雇を行った。

一審判決要旨　一部認容

　「確かに、……原告が平成17年５月以降、事務により、案件の判断過誤を生じ、処理に不安定をみせるなどし、事務遅滞等を生ずることもあったとはいえる。殊に、平成23年９月以降……になると、基礎的な作業にミスを見せており、被告が、原告の予後に強い懸念を抱いたのも相応の根拠があるとはいえる。しかし、今までの担当事務によっては、不安定ながらも改善の傾向をみせていたものも……あり、指導が浸透しにくいものの、指導に反発するということなく、本人も相応の努力の姿勢はみせ、改善の余地がまったく否定されるものでもなく、そもそも原告は、入社以降、平成17年に至るまで、総務課・業務課で、上記bの点（筆者注：課員とのコミュニケーション不足・対立）を除くほかは特段の支障はなく勤務をしていたものであり、担当職務の変更による改善の余地も現状否定し得ない。この

点、……参加管理職に対し、受入れの可否について問うているが、一般的に受入れの可否を問うという程度では配転等による改善の余地の検討としては不十分である。

そして、……原告においても、支障が生じることのないよう自省し、不断の努力を続けるべきことはいうまでもないが、他方で、被告においても、原告が過誤ないし事務遅滞を生じてもBないしこれに準ずる評価をしてきた経過があるのも事実であり、誤謬の生じ得るべき可能性を現段階でことさら重視するのは相当とはいえない。

以上の点に照らすと、原告について、上記説示の限度で支障を生じたことは否定はできないが、原告が長年被告に勤務してきた者であること等をも踏まえて考慮すると、降格や降級等の措置をとることはともかく、現段階において、就業規則25条7号のやむを得ない事由に該当するまでの著しい支障が有ったと認めるには疑義が残る。」

「しかるところ、……医師に対し、原告の執務の状況を踏まえた適切な対応策を諮ったり、医師の見解を踏まえて原告と今後の執務の有り様について協議をするといった善後策を講じ、講じようとした形跡も窺われない。……原告に対してそのような注意喚起がされた形跡はその前後を含めておよそない。かえって、……検査直後の運営会合を経るや、原告に対し、直ちに解雇を示唆、指摘しており、その後、原告が、医師から入手した検査結果を踏まえて再考を求めても、これを受け取ることすらせず、本件解雇に及んでいる。

そうしてみると、本件解雇は、その手続面においても、早急に過ぎる面があったと言わざるを得ない。

以上を照らせば、原告について、その執務に支障を生じていたこと自体は否定できないとしても、上記説示の点にも照らせば、その支障が、およそ雇用関係を維持することすら相当でないといえるような程度、内容にわたっていたとみることには現状において疑義が残り、現段階で原告を解雇することが社会通念上相当であるとも直ちに認め難いから、本件解雇は、客観的に合理的な理由があり、社会通念上相当であるとは認められず、これを有効であるとみることはできない。」

二審判決要旨 原判決取消、請求棄却

「……この間、被控訴人は、人事考課上消極評価を受け、降格・降級が２回にわたりされ、その都度、問題点を指摘されて指導を受けていたところである。

以上の事実経過によれば、被控訴人は、上司の度重なる指導にもかかわらず、その勤務姿勢は改善されず、かえって、被控訴人の起こした過誤、事務遅滞のため、上司や他の職員のサポートが必要となり、控訴人全体の事務に相当の支障を及ぼす結果となっていたことは否定できないところである。そして、控訴人は、本件解雇に至るまで、被控訴人に繰り返し必要な指導をし、また、配置換えを行うなど、被控訴人の雇用を継続させるための努力も尽くしたものとみることができ、控訴人が15名ほどの職員しか有しない小規模事業所であり、そのなかで公法人として期待された役割を果たす必要があることに照らすと、控訴人が被控訴人に対して本件解雇通知書を交付した平成24年３月30日の時点において、被控訴人は、控訴人の従業員として必要な資質・能力を欠く状態であり、その改善の見込みも極めて乏しく、控訴人が引き続き被控訴人を雇用することが困難な状況に至っていたといわざるを得ないから、被控訴人については、控訴人の就業規則25条７号所定の「その他やむを得ない事由があるとき」に該当する事由があると認められる。そうすると、本件解雇は、客観的に合理的な理由があり、社会通念上相当であると認められるから、有効であるというべきである。」

「被控訴人は、本件解雇に至るまでに控訴人から懲戒処分を受けたことはなく、このことは、被控訴人には控訴人の主張するような重大な過誤や事務遅滞はなかったことを示すものであると主張する。

しかし、被控訴人が控訴人から度重なる指導を受けていたことは前記認定のとおりであり、しかも、被控訴人は２回にわたって降格・降級を受けているのであるから、本件解雇に至るまでに控訴人が被控訴人に対して懲戒処分をしたことがないからといって、被控訴人に重大な過誤や事務遅滞がなかったということはできず、被控訴人の上記主張は採用することができない。」

「以上の次第で、本件解雇は有効であり控訴人の控訴は理由があるから、

原判決中控訴人敗訴部分を取り消して同部分に係る被控訴人の請求を棄却
することとし、被控訴人の附帯控訴は理由がないから棄却」する。

中小企業における改善機会付与の程度

5　NEXX事件　東京地判平24.2.27　労判1048-72

事案概要

　被告は正社員3名の会社であるが、原告は製品のマネージメントとマーケティングに関する業務全般、企画及び販売のサポート全般等に従事していたが、勤務態度不良及び職務遂行能力の欠如等を理由に普通解雇された。

判決要旨

　「以上によれば、原告については、①欠勤・遅刻・早退等の届出や報告といった、従業員としてごく基本的な事柄に関する被告からの日常的な業務要請・指示・命令を軽視するといった事態が常態化しており、②また、業務報告書の提出や内容の充実の指示についても、到底、改善したとはいえないレベルのものにとどまっており……③さらに、展示会等においても、社長から念押しや注意を受けていたにもかかわらず数々のミスをしており、中には、デモンストレーションが中止や不完全なものに終わってしまうといった重大な結果を惹起させたものも含まれていたところ、外観や静止画だけではその機能をイメージすることが困難な商品を多く扱う被告にとっては、こうしたミスは商機を失う危険を孕むものであり、④加えて、ごく少人数の企業において、社内で最も高給取りであったにもかかわらず、幾度となく居眠りをして管理部長からも注意を受ける等、他の従業員の士気にも影響を及ぼしかねないような勤務態度が認められ、しかもそれが改善に至っていなかったことが認められる。」

　「業務改善指示にも従わない姿勢を明らかにされたのであるから、やむをえず原告を解雇するという決断に至ったことにも無理からぬ点があるというべきであ」る。

　「よって、本件解雇は、「客観的に合理的な理由を欠き、社会通念上相当であると認められない場合」（労働契約法16条）に該当せず、有効なものと認めることができる。」

6　全国給食協同組合連合会事件　東京地決平元.2.20　労判544-77

事案概要

　債務者は、協同組合連合会で、全国の給食センターを会員とし、各種研究会等の開催等を行っている。債権者は債務者の事務職員として雇用された。

　その後、事務職員5名の内、1名が退職して4名となったため、債権者は経理業務も担当することになった。

　経理担当としての日常業務は振替伝票の作成、経理元帳への記帳、貸借対照表及び損益計算書の試算表の作成、並びに広告料の請求等であったが、件数は少なく、また特別の知識や経験を要するものではなかった。

　しかしながら、その後、債権者が病気療養のため欠勤したところ、上記経理元帳への記帳や試算表の作成作業等が滞っていることが発覚した。

　そこで、事務局長は上記業務の遅れを回復するように命じ、間に合わないときは事前に報告するように指示した。

　しかしながら、債権者は遅れを回復できず、かつ事務局長にも事前報告がなかったため、事務局長がこれを叱責したところ、ついに完成させることができず、提出された始末書にはむしろ事務局長の指示が不適切であった旨が記載されていた。

　そこで、債務者は債権者を普通解雇した。

決定要旨

　「……債権者は、その最も基本的な職務を遂行することができなかったのであって、……これを遂行できなかったのは、……その能力に由来するものと推認することができる……債権者の担当とされた職務の客観的な量及び質が、経理元帳の記帳及び試算表の遅れをもたらすほどのものとは解せない。」

　「ところで、……債権者の事務局職員は4名にすぎないから、そのうちの1名でも勤務成績の劣る者が存在する場合には、その補いをする他の職員の負担が増す割合は大きく、その職員の担当事務の停滞をもきたすことになるおそれもあるから、許容される勤務成績の悪さの程度はさほど大きく

ないというべきである。」

「しかるに、債権者は、……自らの仕事の遅れを仕事が多いことのせいにして省みることなく……報告もしなかったのであるから……、その結果仕事の遅れに対応する措置を債務者が講ずる機会を失わせたことも十分に考えられるのである……。」

「これらからすると、債権者は就業規則36条１号の「勤務成績不良にして就業に適しないとき」との解雇事由に該当するというべきである。そして、以上の事情のもとでは、債権者を解雇したことは解雇権の濫用とは認められない。」

普通解雇事由への該当性（例示列挙か限定列挙か）

7　ナショナル・ウエストミンスター銀行（三次仮処分）事件　東京地決平12.1.21　労判782-23

事案概要

　債権者は、債務者の貿易金融業務等の事務を担当するアシスタントマネージャーであったが、同業務等を統括する部門が閉鎖したことから、債務者から退職勧奨を受けたものの、これを拒否し、さらに関連会社の業務（クラーク）を提案されたものの、これも拒否したことから、債務者は債権者を普通解雇とした。

　これに対し債権者は、本件解雇が就業規則所定の解雇事由に該当しないこと、及び整理解雇の4要件を充足せず解雇権濫用であることを主張し、地位保全等を求めて申し立てた。

決定要旨

　「本件就業規則29条には「解雇」の表題のもとに解雇事由が列挙されているが、列挙された事由はいずれも従業員の職場規律違反行為、従業員としての適格性の欠如等、従業員に何らかの落ち度があることを内容とするものであることが認められ、債権者について右の列挙事由に該当する事実が存在しないことは、当事者間に争いがない。

　しかしながら、現行法制上の建前としては、普通解雇については解雇自由の原則が妥当し、ただ、解雇権の濫用に当たると認められる場合に限って解雇が無効になるというものであるから、使用者は、就業規則所定の普通解雇事由に該当する事実が存在しなくても、客観的に合理的な理由があって、解雇権の濫用に当たらない限り雇用契約を終了させることができる理である。そうであれば、使用者が、就業規則に普通解雇事由を列挙した場合であっても、限定列挙の趣旨であることが明らかな特段の事情がある場合を除き、例示列挙の趣旨と解するのが相当である。

　これを本件就業規則についてみると、普通解雇事由を29条所定の事由に限定する旨明記した規定はなく、その他同条が普通解雇事由を限定列挙し

た趣旨の規定であることが明らかな特段の事情は見当たらない。かえって、本件給与規則14条３項によれば、本件就業規則29条に基づいて解雇された従業員は退職手当を受けることができないとされており、著しい不利益であるから、このような不利益な効果を発生させる解雇事由は、それが懲戒解雇事由であるか普通解雇事由であるかを区別せず、これを予め就業規則に規定して従業員に周知し、それ以外の解雇事由については、労働基準法その他関係法令の定める制限に服するほかは、解雇自由の原則が妥当し、敢えて列挙するまでもないとして、列挙しなかったものと解される。

　以上によれば、本件就業規則29条は普通解雇事由を限定列挙した趣旨の規定であるとはいえず、債権者の前記主張はその前提を欠き、理由がない。」

被解雇者の解雇予告手当の受領拒否

8　大林組事件　東京地決昭25.4.11　判タ2-53

決定要旨

　「……即時の解雇としては無効であっても、後にこれらの要求がみたされた場合には、その時から、その解雇は有効となる。

　「(2) 後に解雇予告手当を現実に提供したとき（労働者がその受領を拒否し、又は予め拒絶している場合には、文言上の提供をなしたとき）」

　「本件の場合、……その他の受領拒絶者に対しても、同月14日にこれを支払うべき旨を通知して、その資金を準備していたことが認められるから、本件解雇は、ひっきょう、労働基準法第20条に違反して、無効であるということができない。」

解雇予告手当不支給の民事的効力（有効性）

9　トライコー事件　東京地判平26.1.30　労判1097-75

事案概要

　原告は、被告に記帳・経理業務を専門に担当するコンサルタントとして雇用されたが、職務懈怠等が見受けられ、被告からその都度、注意・指導されながらも、改善が見られなかったため、平成24年３月31日付で解雇予告手当の支払をせず、即日解雇した。

判決要旨

　「本件解雇は、労働基準法20条所定の解雇予告期間をおかない即日解雇であるところ、被告は、本件解雇に当たり、原告に対し、同条所定の解雇予告手当の支払をしていない。また、被告は、本件解雇をした際、解雇理由を速やかに通知したことを認めるに足りる証拠はない。

　しかし、解雇予告期間をおかず、解雇予告手当の支払をしなかったこと、解雇理由を速やかに通知しなかったことから、直ちに解雇の効力が否定されるものではなく、使用者が労働基準法20条所定の予告手当期間をおかず、また、予告手当の支払をしないで労働者に解雇の通知をした場合には、通知後同条所定の30日の期間を経過するか、又は予告手当の支払をしたときに解雇の効力を生ずるものと解すべきである……。

　以上によれば、本件解雇は、有効なものであるが、その効力自体は、平成24年４月30日に生じたものであると認められる……。」

能力不足を理由とした解雇（新卒一括採用者）

10　エース損害保険事件　東京地決平13.8.10　労判820-74

事案概要

　債権者１は昭和48年に債務者の前身の債務者１に入社し、本件解雇当時は勤続27年の53歳、債権者２は昭和51年に債務者の前身の債務者２に入社し、本件解雇当時は勤続24年の50歳であった。

　債務者は人員削減のために希望退職の募集等を行い、その後、債権者１及び債権者２に対し、自主退職の勧告を行い、最終的には「労働能力が著しく低い債務者の事務能率上支障があるとみとめられたとき」（能力不足）により平成13年３月14日付で解雇した。

決定要旨

　「就業規則上の普通解雇事由がある場合でも、使用者は常に解雇しうるものではなく、当該具体的な事情のもとにおいて、解雇に処することが著しく不合理であり、社会通念上相当として是認できない場合は、当該解雇の意思表示は権利の濫用として無効となる。

　特に、長期雇用システム下で定年まで勤務を続けていくことを前提として長期にわたり勤続してきた正規従業員を勤務成績・勤務態度の不良を理由として解雇する場合は、労働者の不利益が大きいこと、それまでの長期間勤務を継続してきたという実績に照らして、それが単なる成績不良ではなく、企業経営や運営に現に支障・損害を生じ又は重大な損害を生じる恐れがあり、企業から排除しなければならない程度に至っていることなど今後の改善の見込みもないこと、使用者の不当な人事により労働者の反発を招いたなどの労働者に宥恕すべき事情がないこと、配転や降格ができない企業事情があることなども考慮して濫用の有無を判断すべきである。

　なお、……仮に債権者らがその作業効率等が低いにもかかわらず高給であるとしても、債権者らとの合意により給与を下げるとか、合理的な給与体系を導入することによってその是正を図るというなら格別、自ら高給を支給してきた債務者が債権者らに対しその作業効率が低い割に給料を上げ

すぎたという理由で解雇することは、他国のことはいざ知らず、我が国において許されないものというべきである。」

「……本件配転は、リストラの一環として全社員の配置を一旦白紙にして配置し直すという目的で短時間で実行されたもので、本人の希望や個々具体的な業務の必要を考慮したものではなく、かつ結果としても債権者らにとって適切な配置ではなかった。……そして、このような債務者の一方的な合理化策の結果、不適切な部署に配置された債権者らは、そのため能力を充分に発揮するについて当初から障害を抱え、かつ債務者に対し多大な不安や不信感を抱かざるを得なかった……のであるから、この点において既に労働者に宥恕すべき事情が存する。しかも、……債権者1については、支店長から繰り返し些細な出来事を取り上げて侮辱的な言辞で非難され、また退職を強要され、恐怖感から落ち着いて仕事のできる状況ではなかったのである……から、このような状況下で生じたことを捉えて解雇事由とすることは甚だしく不適切で是認できない、債権者2についても、人員を実質半分以下とし、正社員は2名とも配置換えされ、……あえて上記のとおり不適切な配置をするなどしたのであるから、その中で生じた過誤等はむしろ債務者の人事の不適切に起因するものというべきで、債権者2の責任のみに帰することは相当ではない。さらに債務者は当初から債権者らを他の適切な部署に配置する意思はなく、また、研修や適切な指導を行うことなく、早い段階から組織から排除することを意図して、任意に退職しなければ解雇するとして退職を迫りつつ長期間にわたり自宅待機とした。以上の点に債務者が解雇事由と主張する事実がさして重大なものではないことを考え併せると、仮に、これが解雇事由に該当するとしても、本件解雇は解雇権の濫用として無効である。」

能力不足を理由とした解雇（職種を限定した専門能力者）

11　プラウドフットジャパン事件　東京地判平12.4.26　労判789-21

事案概要

　原告は、コンサルティング・サービスなどを業とする外資系企業である被告に平成7年4月10日に、インスタレーション・スペシャリスト（IS）として中途採用され、被告との間に期間の定めのない雇用契約を締結（年俸770万円）した。その後、平成9年3月12日に、被告は原告に対し、職務遂行能力を欠くとして、同月17日付で解雇する旨の意思表示をした。

判決要旨

　能力不足による普通解雇事由該当性につき、「被告がISとして雇用した社員が被告に入社するまでに経営コンサルタントとして稼働した経験がない場合には、その社員との間に締結した雇用契約においては雇用の時点において既にISとして求められている能力や適格性が平均を超えているか、又は、少なくとも平均に達していることが求められているということはできないのであって、その場合には、一定の期間ISとして稼働し、その間にISとして求められている能力や適格性が少なくとも平均に達することが求められているものというべきである。

　そうすると、被告に入社するまでに経営コンサルタントとして稼働した経験がない社員が一定期間ISとして稼働したにもかかわらず、ISとして求められている能力や適格性がいまだ平均を超えていないと判断される場合には、その社員はその能力や適格性の程度に応じて「その職務遂行には不適当」又は「その職務遂行に不十分又は無能」に当たると解される。」

　「以上によれば、原告は、平成7年4月10日に被告に雇用された後、同年6月6日から平成8年9月27日までの間に、……プロジェクトに従事してきたが、……その余のプロジェクトに従事している期間中における原告はISとして求められている能力や適格性の点においていまだ平均に達していなかったものというべきであり、このような状態が原告の入社以来1年半にわたって断続的に続いてきたのであり、……原告の発言からうかがわれ

る原告についてのISとして求められている能力や適格性に対する原告自身の認識からすれば、今後も原告を雇用し続けてISとして求められている能力や適格性を高める機会を与えたとしても、原告がISとして求められている能力や適格性の点において平均に達することを期待することは極めて困難であったというべきである」とし、さらに被告は原告に対し別の職務を提供して原告の雇用を維持しようと考え、約３か月間、交渉したものの、妥協点を見出すことができなかったことも考慮して、本件解雇が権利の濫用として無効であるということはできないとした。

12 類設計室事件　大阪地判平22.10.29　労判1021-21

事案概要

被告は学習塾を経営する会社であり、原告は文系講師として雇用契約を締結した。

その後、生徒アンケートにて、原告は文系講師70名中68位、69名中69位、68名中68位、78名中77位及び84名中84位というように最低線から向上することはなかった。

また生徒やその父母からも多数のクレームが寄せられていたことから、被告は原告の授業能力等を問題視して普通解雇とした。

判決要旨

「……①原告の生徒アンケートの評価はほぼ最下位であったこと、②生徒、保護者からのクレームが多数寄せられていたこと、③被告は、原告に対し、生徒アンケートの低位の評価やクレームがなくなるように改善すべく、授業技術研修を複数回にわたって実施したこと……、④原告が在籍していたＡ７及びＡ１教室においては、３回にわたって特別模擬授業を実施したものの、原告の授業内容が改善向上したとはいえないこと、⑤被告は、原告の配属先での低位の評価を解消すべく、平成19年９月には、配属先を変更し、平成20年３月には、授業から外して本部教材担当補佐に配属し、更に、同年４月からはＡ３教室に配置転換したこと、⑥かかる被告の注意指導等があったにもかかわらず、原告の生徒アンケート評価は向上せず、

また、生徒・保護者からのクレームも多く寄せられる状況が続いたこと、以上の点が認められ、これらの点に、⑦被告が開設する類塾は、類塾が進学塾であること、⑧他の進学塾との競争が激しいこと、⑨一般的に進学塾の優劣や生徒・保護者が当該進学塾を選択する要素としては、有名校への進学率もさることながら、担当講師の評価も一要因となっていると考えられることをも併せかんがみると、本件解雇は、客観的に合理的な理由があり、社会通念上相当であると認められる。」

「……本件解雇は、原告の勤務成績及び勤務状況が不良であることを理由とするものであり、この限りにおいて、被告の原告に対する説明は一貫していたと認められる。」

「また、原告は、仮に、講師として問題があったとしても、本部教材担当としては問題がなかったのであるから、同担当へ配置転換し、雇用を継続すべきであった旨主張するが、そもそも原告は、文系の科目を担当する講師として被告（類塾）に雇い入れられていること、上記①ないし⑨記載の各事情を総合すると、原告が指摘する点をもって、本件解雇が解雇権を濫用するものであると評価することはできないといわざるを得ない。

以上からすると、本件解雇は有効であると解するのが相当である。」

能力不足を理由とした解雇（地位特定者）

13　持田製薬事件　東京地決昭62.8.24　労判503-32

事案概要

　債権者は、人材紹介会社を通じて、債務者に新設されたマーケティング部部長として中途採用されたものの、その地位に応じた責務を果たすことができなかったため、債務者は債権者を解雇した。

決定要旨

　「債権者が採用された経緯によると、債権者は、マーケティング部部長という職務上の地位を特定し、その地位に相応した能力を発揮することを期待されて、債務者と雇用契約を締結したことが明らかであるが、債権者が、人材の斡旋を業とする株式会社リクルートの紹介によって採用されていること、及びその待遇に鑑みると、それは、単に、期待に止まるものではなく、契約内容となっていたと解され、この見地から、……債権者の勤務態度を検討すると、債権者は、営業部門に実施させるためのマーケティング・プランを策定すること、そのなかでも、特に薬粧品の販売方法等に具体的な提言をすることを、期待されていたにも係わらず、執務開始後7か月になっても、そのような提言を全く行っていないし、そのための努力をした形跡もないのは、マーケティング部を設立した債務者の期待に著しく反し、雇用契約の趣旨に従った履行をしていないといえるし、サラリーマン新党からの立候補を考えたことについても、当選すれば、職業政治家に転身することになるのであるから、債務者にとっては、債権者が、途中で職務を放擲することにほかならないのであり、その影響するところは、一社員が市民として、政治に関心をもって、行動したという範疇に止まっていないことは明らかで、これによって、債務者が、債権者の職務遂行意思について、疑念を抱いたとしても、債権者は、甘受すべきである。」

　「債権者の先に述べた執務態度は、期待したマーケティング部の責任者として、雇用の継続を債務者に強いることができない「業務上の事情がある場合」に該当すると解するのが相当であるから、債権者には、就業規則第

55条第5号による解雇事由が存したというべきである。

　（なお、念のために付言すると、債権者は、マーケティング部の責任者に就任することで、雇用されたのであるから、解雇するに際し、債務者は、下位の職位に配置換えすれば、雇用の継続が可能であるかどうかまでも、検討しなければならないものではない。）

　以上の通りとすると、本件解雇には理由がある。」

14　クレディ・スイス証券（休職命令）事件　東京地判平24.1.23 労判1047-74

事案概要

　原告は被告会社の株式営業部に5段階の職位の内、3番目のヴァイス・プレジデントとして中途採用された。

　そして入社から5年強経過した頃に3か月間の休職命令を受け、さらに3か月間延長された後、営業成績の不良を理由に普通解雇された。

判決要旨

　「平成21年第2四半期における被告に対する評価が低いことをもって本件解雇の理由とすることは、改善可能性に関する将来的予測を的確に考慮した解雇理由であるということができず、合理性を欠くというべきである。」

　「本来的には、こうした収益貢献度の多寡は、基本的には翌年の年俸額やIPCに反映されるにとどまるものと解するのが相当であり、年度の途中においてそれが解雇理由となるのは、収益貢献度が極端に低い場合に限られるものというべきである。そして、原告の場合、そのような極端なケースに該当するものと認めることはできない。

　そうすると、平成21年第1及び第2四半期における収益貢献度が、被告が指摘する程度に低いことをもって本件解雇の理由とすることは、改善可能性に関する将来的予測を的確に考慮した解雇理由であるということができるかどうかについて疑問がある上、解雇の最終的手段性の点からも問題があるというべきであり、原告が、外資系企業において高い能力が期待さ

れてしかるべきいわゆる中途採用の高額所得者であることを前提としてもなお、客観的合理性を欠くというべきである。」

15　エイゼットローブ事件　大阪地決平3.11.29　労判599-42

事案概要

　債務者は、婦人服の製造・販売を業とする株式会社であるが、正社員募集を行った。その広告の内容として、35歳くらいまでの年齢制限と、営業部正社員については経験者との条件を付した。

　債権者は上記広告を見て応募してきたが、債権者自身が服飾専門学校を卒業し、またアパレル業界の営業等の経験があり、さらに得意先も相当数あるとのことであった。

　そこで債務者は、債権者に対し、新規開拓業務に専念して、年間1億円くらいの売上ができるか否かにつき確認したところ、債権者は承諾したため、債権者が39歳と上記年齢制限を超えているものの、係長相当待遇で給与も営業課員では2番目に高い額（35万円）で採用した。

　しかしながら、債権者は在籍期間8か月で1,500万円程度の売上にすぎず、また他の営業課員の売上目標達成率が平均70％以上であるのに対し、債権者自身は下期売上目標5,000万円の約30％に過ぎなかった。また返品率も平均に比べて高い割合であり、さらに債権者は新規店舗開拓に専念することになっていたものの、既存店と併行して新規店舗開拓している他の営業課員に比較しても新規店舗件数が非常に少なかった。加えて、債権者は期限等にルーズであり、協調性にも欠けていた。

　債務者社長は2度にわたり、営業成績について注意・指導したが、改善されず、債務者部長も勤務態度について繰り返し注意・指導したが改善されなかった。

　そこで債務者は債権者を解雇した。

決定要旨

　「……債権者は、他の新人の営業成績の低さを指摘するが、他の新人はアパレル業界の未経験者であって、経験者として採用された債権者とは採用

条件が異なるので、債権者と同様に論じることはできない。」

　「むしろ……債権者は、アパレル業界における営業の経験者として採用され、採用時の面接において年間売上目標1億円を約束し、また債務者によって、半期の売上目標額として5,000万円が設定されたが、いずれも経験者とすれば達成可能な数字であったのに、債権者の実績はこれを大きく下回るものであったうえ、上司の注意指導にもかかわらず債権者は営業成績を向上させようとする意欲がなかったということができる。

　従って、債権者の営業成績は不良であって、債務者会社の就業規則10条3号の「勤務成績または能率が不良で就業に適さないと認められた場合」の普通解雇事由に該当するというべきであるから、本件解雇は正当なものであり、債権者の本件解雇が権利濫用である旨の主張は理由がない。」

協調性不足を理由とした解雇

16　パイオニア事件　東京地判平元.1.23　労判542-82

事案概要

　原告は被告に臨時工として採用されたが、被告は原告に対し、勤務中に過誤があったとして注意したものの、原告には改善姿勢がなく、また同僚との協調性欠如等があったことを理由として、普通解雇とした。

判決要旨

　「……原告は、……仕事が遅い上に職場を離れることが多く、しかも、些細なことに声高に反論して一方的にまくしたて、また、……過誤等があったとして上司から注意をされても、これを素直に聞かず、逆に直接の関係のない事を取り上げて威圧的に追及するという顕著な性癖があって、著しく協調性に欠けていたこと、そのため、被告は、『原告は、職場同僚間との折り合いが悪く、今後協同して業務を遂行していくことが困難である』として、……原告を通常解雇した。」

　「右によれば、原告の解雇には相当の理由があ」る。

17　大和倉庫事件　大阪地決平4.9.8　労判619-61

事案概要

　債権者が他の従業員との協調性にかけ摩擦・衝突が絶えないこと、債務者の依頼した労務事務所担当者に非礼な態度を取ったこと、債務者の営業方針に対して批判を繰り返すのみで債務者の指揮命令に従わなかったこと等を理由に普通解雇した。

決定要旨

　「債権者と他の従業員との対立は、他の従業員が債権者の人格態度に対する漠然とした嫌悪感情を抱いているにとどまり、それ以上に、債権者が他の従業員に対し、具体的な加害行為に及んだり、他の従業員との間に重大

な紛争を生じ、あるいは債権者と他の従業員との感情的な対立により債権者の駐車場業務の遂行に現実的に著しい支障をきたした事実は認められないし、かつ、債務者の業務は、……比較的単純な作業を主体とするものであって、従業員間の緊密な協調がなければ業務遂行が不可能となる類のものとも認められない。また、債権者が、債務者の具体的業務命令に違反した事実を認めるに足る疎明もない。

　他方、雇用者たる債務者としては、……債権者及び他の従業員に対し、適宜、指導・注意等を加えることにより、これを未然に防止し、解雇という重大な事態に陥ることを可能な限り回避すべき立場にあると解すべきところ、債務者は……債権者の債務者代表者やその他従業員に対する態度を改善するよう注意等を与え、あるいは債権者とその他従業員との人間関係の調査・修復を図って努力した形跡は窺われない。

　右の事情を勘案すると、未だ、債権者の性格的欠点が債務者の業務遂行に著しい支障をきたし、また、債務者の努力によっても債権者の欠点を矯正することができず、従業員間の人間関係が修復不可能なため、債権者を解雇することが真に止むを得ないものとまで言うには尚早というべきであり、現段階では、本件解雇は、解雇権の濫用にあたるものとして許されないと言わざるを得ない。」

18　セコム損害保険事件　東京地判平19.9.14　労判947-35

事案概要

　原告は被告に入社して以降、職制及び会社批判を繰り返してきたこと及びこれに対する指導・警告に従わなかったことから、被告は原告を①礼儀と協調性に欠ける言動・態度により職場の秩序が乱れ、同職場の他の職員に甚大なる悪影響を及ぼしたこと、②良好な人間関係を回復することが不能な状態に陥っていること、③再三の注意を行ってきたが改善されないこと、を理由として解雇とした。

判決要旨

　「……原告の職場における言動は、会社という組織の職制における調和を

無視した態度と周囲の人間関係への配慮に著しく欠けるものである。そして、原告がこのような態度・言辞を入社直後からあからさまにしていることをも併せ考えると、原告自身に会社の組織・体制の一員として円滑かつ柔軟に適応して行こうとする考えがないがしろにされていることが推認される。換言すれば、このような原告の言動は、自分の考え方及びそれに基づく物言いが正しければそれは上司たる職制あるいは同僚職員さらには会社そのものに対してもその考えに従って周囲が改めるべき筋合いのものであるという思考様式に基づいているものと思われる。」

「上記のような原告の問題行動・言辞の入社当初からの繰り返し、それに対する被告職制からの指導・警告及び業務指示にもかかわらず原告の職制・会社批判あるいは職場の周囲の人間との軋轢状況を招く勤務態度からすると、原被告間における労働契約という信頼関係は採用当初から成り立っておらず、……もはや回復困難な程度に破壊されているものとみるのが相当である。

それゆえ、被告による原告に対する本件解雇は合理的かつ相当なものとして有効であり、解雇権を濫用したことにはならないものというべきである。」

「……被告が何らの警告・指導もせずして本件解雇に至っているとしたら問題であるが、本件では懲戒処分という形ではないにしても職制を通じた通告書による指導、業務指示、あるいは人事部門や上位職制である業務部長からも指導・警告を受けるに至っている状況に照らすと、被告が他の懲戒処分を経ていないことの一事をもって適正手続違背であるものとは評価しがたい。……本件解雇時点で、……原告の言動の修正は……もはや期待できない状況にあったものと考えられる。」

出勤不良を理由とした解雇

19　建設技術研究所事件　大阪地判平24.2.15　労判1048-15

事案概要

　原告は約3か月間、年次有給休暇を取得した後、「平成17年7月21日には年次有給休暇がすべて消化され、翌22日以降は欠勤状態となり、これが本件解雇まで約4か月半続いた。」

　「被告は、原告に対し、平成17年8月4日付け文書で、同年7月22日から原告が正当な理由なく欠勤していると扱う旨を通知した。

　被告は、原告に対し、平成17年9月9日付け文書で、上記と同様の内容のほか、同年9月分の給料はゼロになるなどを通知した。」

　「原告は、平成17年10月に被告の管理本部から出社するように命じられていたが、A部長に対し、これを拒否する電子メールを送信していた。」

　「労働組合は、被告に対し、平成17年11月8日付け文書で、現状では原告が欠勤扱いになっていることは当然であり、出勤するか、合理的理由が明記された診断書を提出するかを強く要請すると伝えた。

　被告は、原告に対し、平成17年11月18日付け文書で、就労可能状態であるとの診断を受けているのに欠勤を続けているとして、退職を勧告した。

　被告は、原告に対し、平成17年12月1日付けで、正当な理由のない欠勤を続けているとして、就業規則17条（6）に基づく旨明記して、同月8日をもって解雇する旨の解雇予告通知書を送付した。」

判決要旨

　「解雇事由が存在すること

　労働契約において、労働者が定められた場所で勤務をすることは、最も基本的な債務というべきであるところ、原告は、上記のとおり、被告から出勤するように求められたのに、約4か月半にわたり出勤せず、かつ、出勤しないことについて正当な理由があったとは認められないから、これは被告の就業規則17条（6）所定の解雇事由である「その他前各号に準ずる程度のやむを得ない相当な事由があるとき」に該当し、所定の解雇予告手

当の支給もしているといえる。

　したがって、本件解雇については、解雇事由があったものと認められる。」

「解雇権濫用に当たらないこと

　前記認定事実によれば、本件解雇については、就業規則における解雇事由があることが認められ、客観的に合理的な理由があるといえる。また、被告は、原告が出勤しなくなった平成17年４月25日以降、原告に対し、同年６月１日付け文書、同月14日付け文書、同年７月11日付け文書、同年８月４日付け文書、同年９月９日付け文書を送付することなどにより、原告が欠勤状態と扱われている旨を伝えた上、出勤するか、休養の必要性を認める診断書を提出するかのいずれかをするように、繰り返し求めており、これに応じない原告に対し、被告の労働組合に通知した上で退職勧告書を送付し、本件解雇をしたものであって、解雇に先立ち、適正な手続を踏んでいるといえる。そして、被告の労働組合も、原告の出勤しない状態が欠勤と扱われているのは当然であると認識していたものである。

　以上によれば、本件解雇は、社会通念上相当であると認められるから、解雇権濫用に当たるということはできない。」

勤務態度不良等を理由とした解雇（改善機会の付与の必要性）

20　セネック事件　東京地決平23.2.21　労判1030-72

事案概要

　債務者は、債権者が「怠慢な職務態度をとり続け、社内秩序を乱すなど、新体制下においても人事考課の評価が著しく低く（業務遂行能力が著しく劣っている。）、新支店長体制への協力姿勢も見られず（敵意と言っても過言ではない姿勢がみられた。）、今後の向上の見込みがまったく望めなかった」として、普通解雇した。

決定要旨

　「債務者は、……新体制の組織図を配布し、債権者を内勤スタッフ……に配属させる意向を明らかにしていた経緯等があることなどに照らすと、債権者の主張する本件解雇事由①は、いずれも企業経営に重大な支障を及ぼすなど即刻企業から排斥することをやむなしとする程のレベルに達していたかは疑問がある上、その内容からみても債務者としては先ずは然るべき教育指導等を行うことによって同債権者に改善の余地等があるか否かを慎重に見定める必要があったものというべきである。

　ところが……解雇を含め債権者の処遇を検討せざるを得ない状況にあったところ、偶さか債権者が中心となって本件労組を結成する動きがあることを察知したことから、……実際とは異なる解雇理由を楯に、即刻、……普通解雇に踏みきったことが認められる。

　これらの事情を併せ考慮すると、本件解雇事由に基づく普通解雇……は、いかにも拙速というよりほかないものである上、不当労働行為の疑いさえある解雇であって、労契法16条にいう「客観的に合理的な理由を欠き、社会通念上相当であると認められない場合」に該当する。

　よって、本件解雇事由に基づく普通解雇……は、解雇権を濫用するものとして無効である。」

勤務態度不良等を理由とした解雇（中小零細企業における改善機会の付与の程度）

21　井上達明建築事務所事件　大阪地決平4.3.23　労判623-65

事案概要

　債務者は債権者を設計補助及び一般事務に従事させるために採用したが、能力欠如及び信頼関係破壊の言動を理由に普通解雇した。

決定要旨

　「確かに、……債務者は建築の設計・監理という専門的な業務を扱う個人企業であることから、債権者は人間関係特に経営者A社長との関係には配慮すべきであるということはできる。……しかしながら、債権者のとった前記各行動は、社会通念から見てこれを問題視されるべきではなく、ボーナスの査定について説明を求めること自体も、何ら非難されるべきものではない……。したがって、債務者の前記事情を十分考慮したとしても、債務者は債権者の前記認定の各行動を非難したり、ひいては解雇理由とすることは許されないと言わざるを得ない。」

使用者の社会的信用を低下させる行為を理由とした解雇

22　学校法人敬愛学園（国学館高校）事件　最判平6.9.8　労判657-12

事案概要

　上告人学園及び校長に対する誹謗中傷や週刊誌に対する情報提供を理由として解雇した事案。

判決要旨

　「被上告人は、……上告人の学校教育及び学校運営の根幹にかかわる事項につき、虚偽の事実を織り混ぜ、又は事実を誇張わい曲して、上告人及び校長を非難攻撃し、全体としてこれを中傷ひぼうしたものといわざるを得ない。さらに、被上告人の「週刊アキタ」誌の記事に対する……情報提供行為は、……問題のある情報が同誌の記事として社会一般に広く流布されることを予見ないし意図してされたものとみるべきである。以上のような被上告人の行為は、校長の名誉と信用を著しく傷付け、ひいては上告人の信用を失墜させかねないものというべきであって、上告人との間の労働契約上の信頼関係を著しく損なうものであることが明らかである。」として、本件解雇が権利の濫用には当たらず、解雇を有効と判断した。

解雇と不法行為

23 静岡第一テレビ（損害賠償）事件 静岡地判平17.1.18 労判893-135

事案概要

被告は、原告による不正な金銭処理や顧客への暴言等を理由として諭旨解雇したところ、第1審は無効と判断し、第2審も第1審を維持し、最高裁も会社の上告を棄却・不受理として本件事件は確定した。

その後、原告は本件諭旨解雇により精神的苦痛を受けたとして不法行為に基づき1,000万円の損害賠償を求めて本訴を提起した。

判決要旨

「懲戒解雇（本号においては、諭旨解雇を含む。）は、被用者による企業秩序の違反に対し、使用者が有している懲戒権の発動によって行われる制裁罰としての雇用契約解約の意思表示であり、使用者の懲戒権の行使は、当該具体的事情の下において、それが客観的に合理的な理由を欠き社会通念上相当として是認することができない場合に初めて権利の濫用として無効となると解するのが相当である……。

しかしながら、権利濫用の法理は、その行為の権利行使としての正当性を失わせる法理であり、そのことから直ちに不法行為の要件としての過失や違法性を導き出す根拠となるものではないから、懲戒解雇が権利の濫用として私法的効力を否定される場合であっても、そのことで直ちにその懲戒解雇によって違法に他人の権利を侵害したと評価することはできず、懲戒解雇が不法行為に該当するか否かについては、個々の事例ごとに不法行為の要件を充足するか否かを個別具体的に検討の上判断すべきものである。

そして、従業員に対する懲戒は、当該従業員を雇用している使用者が、行為の非違性の程度、企業に与えられた損害の有無、程度等を総合的に考慮して判断するものであって、どのような懲戒処分を行うのかは、自ずから制約はあるものの、当該事案に対する使用者の評価、判断と裁量に委ねられていること、他方、雇用契約は労働者の生活の基盤をなしており、使

用者の懲戒権の行使として行われる重大な制裁罰としての懲戒解雇は、被用者である労働者の生活等に多大な影響を及ぼすことから、特に慎重にすべきことが雇用契約上予定されていると解されることを対比勘案するならば、懲戒解雇が不法行為に該当するというためには、使用者が行った懲戒解雇が不当、不合理であるというだけでは足らず、懲戒解雇すべき非違行為が存在しないことを知りながら、あえて懲戒解雇をしたような場合、通常期待される方法で調査すれば懲戒解雇すべき事由のないことが容易に判明したのに、杜撰な調査、弁明の不聴取等によって非違事実（懲戒解雇事由が複数あるときは主要な非違事実）を誤認し、その誤認に基づいて懲戒解雇したような場合、あるいは上記のような使用者の裁量を考慮してもなお、懲戒処分の相当性の判断において明白かつ重大な誤りがあると言えるような場合に該当する必要があ」るとする。

　その上で本件においては諭旨解雇は無効であったものの、「被告が原告に対する調査をすることなく本件解雇をしたとは言えないし、原告に就業規則違反の事実（非違行為）が認められ、これらがいずれも取るに足らない違反であるといえない……。」

　「……従業員に対する懲戒は、当該従業員を雇用している使用者が、行為の非違性の程度、企業に与えた損害等の有無、程度等を総合的に考慮して判断すべきもので、どのような懲戒処分を行うのかについては、使用者の評価、判断と裁量に委ねられる面があるところ、本件解雇が原告及び関係者に対する事情聴取等を経た上で行われていたこと、原告に就業規則違反の事実が認められ、これが取るに足らない違反であると言えないこと、被告における過去の依願退職事例3例（これらはいずれも実質的には懲戒処分としての解雇が想定された事例である。）と対比して、原告の前記非違行為が特に軽微であると言えないことに照らせば、本件解雇の相当性の判断において明白かつ重大な誤りがあるとすることはできず、被告に過失を認めることはできない。」

就業規則に規定されていない受診命令権の行使の可否

24 京セラ事件　東京高判昭61.11.13　労判487-66

事案概要

　当該従業員の傷病につき、A医師は「脊椎々間軟骨症」で私傷病であると診断したものの、B医師は「頚肩腕障害・腰痛症」で業務災害であると診断したことから、会社は職業病の専門医3名を指定し、そのいずれかの医師の診断を受けるように当該従業員に命じたところ、当該従業員が就業規則に受診命令権について規定されていないことを理由としてこれを拒否したため、会社はやむを得ず、休職期間満了時点で業務災害とは認めず、復職の望みがないとして退職とした事案。

判決要旨

　「被控訴人は、旧会社（筆者注：昭和57年10月1日、新会社に合併）の就業規則等に指定医の受診に関する定めはなく、労働者の基本的人権及び医師選択の自由の面からもX（当該従業員）には指定医受診の指示に従うべき義務はないと主張し、旧会社の就業規則等に指定医受診に関する定めのないことは控訴人（新会社）の認めるところである。しかしながら、旧会社としては、従業員たるXの疾病が業務に起因するものであるか否かは同人の以後の処遇に直接に影響するなど極めて重要な関心事であり、しかも、Xが当初提出した診断書を作成したA医師から、Xの疾病は業務に起因するものではないとの説明があったりなどしたことは前述したところである。かような事情がある場合に旧会社がXに対し改めて専門医の診断を受けるように求めることは、労使間における信義則ないし公平の観念に照らし合理的かつ相当な理由のある措置であるから、就業規則等にその定めがないとしても指定医の受診を指示することができ、Xはこれに応ずる義務があるものと解すべきである。もっとも、Xにおいて右指定医3名の人選に不服があるときは、その変更等について会社側と交渉する余地があることは、会社側において指定医・診察についてXの希望をできるだけ容れると言明しているところからすると明らかであり、しかも指定医の受診結

果に不満があるときは、別途自ら選択した医師による診断を受けこれを争い得ることは事理の当然であるので、前記の義務を肯定したからといって、直ちに同人個人の有する基本的人権ないし医師選択の自由を侵害することになるとはいえない（労働安全衛生法66条5項但し書は、法定健診の場合を対象とする規定であって、本件におけるような法定外健診についてはその適用ないし類推適用の余地はないものと解する。）。しかるに、Xがその挙に出ることもなく、単に就業規則等にその定めがないことを理由として受診に関する指示を拒否し続けたことは許されないところであり、以上のような事情のもとで旧会社においてXの休職期間満了の時点で同人疾病が業務に起因するものとは認めず、復職の望みがないと判断したのはやむを得ないものというべきである。」

解雇ではなくまずは休職をさせるべき事案

25　日本ヒューレット・パッカード事件　最判平24.4.27　労判1055-5

事案概要

　被上告人は、被害妄想など何らかの精神的な不調があり、上告人にその被害に係る事実の調査を依頼したものの、納得できる結果が得られなかった。

　そこで被上告人は、上告人に休職を認めるように求めたものの認められず、上告人に出勤を促すなどされたことから、自分自身が被害に係る問題が解決されたと判断できない限り出勤しない旨を予め上告人に伝えた上で、有給休暇をすべて取得した後、約40日間にわたり無許可での欠勤を続けたことから、上告人は被上告人を諭旨退職処分とした。

判決要旨

　「このような精神的な不調のために欠勤を続けていると認められる労働者に対しては、精神的な不調が解消されない限り引き続き出勤しないことが予想されるところであるから、使用者である上告人としては、その欠勤の原因や経緯が上記のとおりである以上、精神科医による健康診断を実施するなどした上で（記録によれば、上告人の就業規則には、必要と認めるときに従業員に対し臨時に健康診断を行うことができる旨の定めがあることがうかがわれる。）、その診断結果等に応じて、必要な場合は治療を勧めた上で休職等の処分を検討し、その後の経過を見るなどの対応を採るべきであり、このような対応を採ることなく、被上告人の出勤しない理由が存在しない事実に基づくものであるから直ちにその欠勤を正当な理由なく無断でされたものとして諭旨退職の懲戒処分の措置を執ることは、精神的な不調を抱える労働者に対する使用者の対応としては適切なものとはいい難い。」として、本件諭旨退職は無効と判断された。

例外的に休職させずに解雇し得る事案

26　岡田運送事件　東京地判平14.4.24　労判828-22

事案概要

　原告は運転手であるが、脳梗塞を患い、運転手としての就労は難しくなったことから、被告が原告に対して休職措置を採らずに懲戒解雇（普通解雇を含むと評価された）をした。

判決要旨

　「被告の就業規則8条ないし10条は、業務外の傷病による長期欠勤が一定期間に及んだとき、使用者がその従業員に対し、労働契約関係そのものは維持させながら、労務の従事を免除する休職制度であるところ、その趣旨とするところは、労使双方に解雇の猶予を可能とすることにあると解される。したがって、かかる休職制度があるからといって、直ちに休職を命じるまでの欠勤期間中解雇されない利益を従業員に保障したものとはいえず、使用者には休職までの欠勤期間中解雇するか否か、休職に付するか否かについてそれぞれ裁量があり、この裁量を逸脱したと認められる場合にのみ解雇権濫用として解雇が無効となると解すべきである。

　本件では、……原告は、平成13年1月31日まで就労不能と診断されており、仮に休職までの期間6か月及び休職期間3か月を経過したとしても就労は不能であったのであるから、被告が原告を解雇するに際し、就業規則8条に定める休職までの欠勤期間を待たず、かつ、休職を命じなかったからといって、本件解雇が労使間の信義則に違反し、社会通念上、客観的に合理性を欠くものとして解雇権の濫用となるとはいえない。」として普通解雇を有効と判断した。

休職期間満了時の復職

27　ワークスアプリケーションズ事件　東京地判平26.8.20　労判 1111-84

事案概要

　原告はうつ病により、欠勤及び休職に付され、その後休職期間満了日に退職となったため、その有効性を争った事案。

判決要旨

　「原告は、入社してから約6か月が経過したころ、……上司Z……の叱責を受ける等した後……、著しい不眠となり、主治医により「過度のストレスによる不安障害（適応障害）」（後に、うつ病と診断。）と診断され、休養・治療を要するとされ（主治医診断書①）、欠勤を開始した……。そして、主治医の勧めにより、精神科の病院に11日間入院して治療を受け、退院後、原告は被告に就労を申し出て、欠勤28日目には、主治医から「冷静になり睡眠も取れ集中力も回復傾向にあり、就労意欲があり、就労可能な状態にある」旨の診断を受け（主治医診断書③）、被告により休職を命じられた後の欠勤47日目には、再び、「短期間の休養入院を経て冷静になり睡眠も取れ集中力も回復。本人の就労意欲は強い。休職期間満了日の翌日から就労は可能である」（主治医診断書④）旨診断された……。

　そうすると、休職期間満了日（欠勤58日目）である平成24年12月7日の時点においては、原告は、主治医による通院治療、専門医による入院治療を受け、うつ病による不眠や集中力の欠如の症状が解消し、就労が可能であり、かつ、就労意欲もあったと認められる。そして、主治医診断書④は、「復職の際には、配置転換等環境面の配慮が不可欠と考える。また、復職後、短くとも1か月は残業等過重労働を控えることが好ましい。」旨の条件が付されていたが、これは、原告の主治医の見たところ、原告のうつ病は上司から怒鳴られる等の負担が原因であると考えられたことから、職場でのそのような負担を取り除くことが有効であるため、配置転換を含めた環境面への配慮を条件としたものであって（主治医診断書⑤……）、必ずしも

元の職場（西日本営業部）からの配置転換を復職の条件としたものとは認められない。

　また、主治医のいう上記の環境面への配慮については、被告は、……従業員数2,000人以上の会社であり、……新入社員である原告に対する指導をＺ以外の西日本営業部所属の社員に担当させる等の配慮は可能であったと認められるし、原告に残業を１か月程度させないといった配慮も可能であったと認められる。

　以上からすれば、原告は、休職期間満了日である平成24年12月７日の時点において、元の職場（西日本営業部）において就労が可能な状態にあり、就労を申し出ていたといえるから、債務の本旨にしたがった履行の提供があり、復職要件を満たしていたと認めるのが相当である。」

　「以上から、原告は休職期間満了日において復職要件を満たしていたといえるから、本件退職扱いは無効である。」

28　片山組事件　最判平10.4.9　労判736-15

事案概要

　上告人は、昭和45年３月に被上告人に雇用され、以来、建築工事現場における現場監督業務に従事してきたが、平成２年夏にバセドウ病に罹患していることが発覚した。

　その後、平成３年２月までは現場監督業務に従事し、その後、次の現場監督業務が生ずるまでの間、臨時的、一時的業務として、工務監理部において図面の作成などの事務作業に従事していた。

　同年８月、上告人は改めて現場監督業務に従事すべき旨の業務命令を受けたが、被上告人に対して、できない旨の申し出をしたところ、被上告人は上告人に対して自宅治療命令を発し、復帰までの約４か月間を欠勤扱いとし、賃金を支給せず、冬季一時金を減額したため、上告人は賃金等の支払いを求めて提訴した事案である。

判決要旨

　「労働者が職種や業務内容を特定せずに労働契約を締結した場合におい

ては、現に就業を命じられた特定の業務について労務の提供が十全にはできないとしても、その能力、経験、地位、当該企業の規模、業種、当該企業における労働者の配置・異動の実情及び難易等に照らして当該労働者が配置される現実的可能性があると認められる他の業務について労務の提供をすることができ、かつ、その提供を申し出ているならば、なお債務の本旨に従った履行の提供があると解するのが相当である。そのように解さないと、同一の企業における同様の労働契約を締結した労働者の提供し得る労務の範囲に同様の身体的原因による制約が生じた場合に、その能力、経験、地位等にかかわりなく、現に就業を命じられている業務によって、労務の提供が債務の本旨に従ったものになるか否か、また、その結果、賃金請求権を取得するか否かが左右されることになり、不合理である。

　前記事実関係によれば、上告人は、被上告人に雇用されて以来21年以上にわたり建築工事現場における現場監督業務に従事してきたものであるが、労働契約上その職種や業務内容が現場監督業務に限定されていたとは認定されておらず、また、上告人提出の病状説明書の記載に誇張がみられるとしても、本件自宅治療命令を受けた当時、事務作業に係る労務の提供は可能であり、かつ、その提供を申し出ていたというべきである。そうすると、右事実から直ちに上告人が債務の本旨に従った労務の提供をしなかったものと断定することはできず、上告人の能力、経験、地位、被上告人の規模、業種、被上告人における労働者の配置・異動の実情及び難易等に照らして上告人が配置される現実的可能性があると認められる業務が他にあったかどうかを検討すべきである。そして、上告人は被上告人において現場監督業務に従事していた労働者が病気、けがなどにより当該業務に従事することができなくなったときに他の部署に配置転換された例があると主張しているが、その点についての認定判断はされていない。そうすると、これらの点について審理判断をしないまま、上告人の労務の提供が債務の本旨に従ったものではないとした原審の前記判断は、上告人と被上告人の労働契約の解釈を誤った違法があるものといわなければならない。」

リハビリ出勤中の賃金支払義務の有無

29　NHK（名古屋放送局）事件　名古屋高判平30.6.26　労判1189-51

事案概要

　従業員が休職から復職するためには、24週間のテスト出局（リハビリ勤務）を行い、その状況を踏まえて産業医及び部局長の合意が得られれば復職が命じられることとなっているが、このテスト出局中に行った作業が「労働」として賃金が発生するのではないか。

判決要旨

　「テスト出局の趣旨、目的に照らせば、休職者の提供する作業の内容は、当該休職者の労働契約上の本来の債務の本旨に従った履行の提供であることを要するものではなく、また、休職者の提供する作業の内容がその程度のものにとどまる限り、被控訴人も休職者に対して労働契約上の本来の賃金を支払う義務を負うこととなるものではないと解される。

　しかしながら、テスト出局が単に休職者のリハビリのみを目的として行われているものではなく、職場復帰の可否の判断をも目的として行われる試し出勤（勤務）の性質を有するものであることなどにも鑑みると、休職者は事実上、テスト出局において業務を命じられた場合にそれを拒否することは困難な状況にあるといえるから、単に本来の業務に比べ軽易な作業であるからといって賃金請求権が発生しないとまではいえず、当該作業が使用者の指示に従って行われ、その作業の成果を使用者が享受しているような場合等には、当該作業は、業務遂行上、使用者の指揮監督下に行われた労働基準法11条の規定する「労働」に該当するものと解され、無給の合意があっても、最低賃金の適用により、テスト出局については最低賃金と同様の定めがされたものとされて、これが契約内容となり（同法4条2項）、賃金請求権が発生するものと解される。」

私生活の不安定（企業外非行）

30　小田急電鉄事件　東京高判平15.12.11　労判867-5

事案概要

　被控訴人（労働者）は、小田急電鉄株式会社（控訴人）の従業員であるが、平成12年11月21日に、JR高崎線で痴漢行為を行い、逮捕・勾留の後、埼玉県迷惑行為防止条例違反で正式起訴されて、懲役4月、執行猶予3年の有罪判決を受けた。

　ただし、それ以前に3回程度、同様に他社が運行する電車内で痴漢行為を行い、罰金刑を受けている。

　そこで、控訴人は被控訴人を懲戒解雇とし、退職金920万8451円を不支給としたので、被控訴人は不服として争った事案。

判決要旨

　「……痴漢行為が被害者に大きな精神的苦痛を与え、往々にして、癒しがたい心の傷をもたらすものであることは周知の事実である。それが強制わいせつとして起訴された場合はともかく、本件のような条例違反で起訴された場合には、その法定刑だけをみれば、必ずしも重大な犯罪とはいえないけれども、上記のような被害者に与える影響からすれば、窃盗や業務上横領などの財産犯あるいは暴行や傷害などの粗暴犯などと比べて、決して軽微な犯罪であるなどということはできない。

　まして、被控訴人は、そのような電車内における乗客の迷惑や被害を防止すべき電鉄会社の社員であり、その従事する職務を伴う倫理規範として、そのような行為を決して行ってはならない立場にある。しかも、被控訴人は、本件行為のわずか半年前に、同種の痴漢行為で罰金刑に処せられ、昇給停止及び降職の処分を受け、今後、このような不祥事を発生させた場合には、いかなる処分にも従うので、寛大な処分をお願いしたいとの始末書……を提出しながら、再び同種の犯罪行為で検挙されたものである。このような事情からすれば、本件行為が報道等の形で公になるか否かを問わず、その社内における処分が懲戒解雇という最も厳しいものとなったとし

195

ても、それはやむを得ないというべきである。」

「……退職金の支給制限規定は、一方で、退職金が功労報償的な性格を有することに由来するものである。しかし、他方、退職金は、賃金の後払い的な性格を有し、従業員の退職後の生活保障という意味合いをも有するものである。ことに、本件のように、退職金支給規程に基づき、給与及び勤続年数を基準として、支給条件が明確に規定されている場合には、その退職金は、賃金の後払い的な意味合いが強い。

……そうすると、このような賃金の後払い的要素の強い退職金について、その退職金全額を不支給とするには、それが当該労働者の永年の勤続の功労を抹消してしまうほどの重大な不信行為があることが必要である。ことに、それが、業務上の横領や背任など、会社に対する直接の背信行為とはいえない職務外の非違行為である場合には、それが会社の名誉信用を著しく害し、会社に無視しえないような現実的な損害を生じさせるなど、上記のような犯罪行為に匹敵するような強度な背信性を有することが必要であると解される。

……もっとも退職金が功労報償的な性格を有するものであること、そして、その支給の可否については、会社の側に一定の合理的な裁量の余地があると考えられることからすれば、当該職務外の非違行為が、上記のような強度な背信性を有するとまではいえない場合であっても、常に退職金の全額を支給すべきであるとはいえない。

……そうすると、このような場合には、当該不信行為の具体的内容と被解雇者の勤続の功労などの個別的事情に応じ、退職金のうち、一定割合を支給すべきものである。本件条項は、このような趣旨を定めたものと解すべきであり、その限度で、合理性を持つと考えられる。

……本件行為が、……相当高度な背信性を持つ行為であるとまではいえないと考える。

そうすると、被控訴人は、本件条項に基づき、その退職金の全額について、支給を拒むことはできないというべきである。しかし、他方、上記のように、本件行為が職務外の行為であるとはいえ、会社及び従業員を挙げて痴漢撲滅に取り組んでいる被控訴人にとって、相当の不信行為であることは否定できないのであるから、本件がその全額を支給すべき事案である

とは認め難い。

　そうすると、本件については、……本来支給されるべき退職金のうち、一定割合での支給が認められる。

　その具体的割合については、上述のような本件行為の性格、内容や、本件懲戒解雇に至った経緯、また、控訴人の過去の勤務態度等の諸事情に加え、とりわけ、過去の被控訴人における割合的な支給事例等をも考慮すれば、本来の退職金の支給額の3割である276万2535円であるとするのが相当である。」

31　ヤマト運輸（懲戒解雇）事件　東京地判平19.8.27　労判945-92

【事案概要】

　原告は被告会社におけるセールスドライバーであったが、業務終了後、帰宅途上で飲酒し、最寄り駅から自宅に向けて自家用車で運転中、酒気帯び運転で検挙された結果、運転免許停止30日間の行政処分（ただし講習受講により1日短縮された）と罰金20万円に処された。

　そこで、被告会社は懲戒解雇し、退職金（962万185円）を不支給としたという事案。

【判決要旨】

　「従業員の職場外でされた行為であっても、企業秩序に直接の関連を有するのであれば、規則の対象となり得ることは明らかであるし、また、企業は社会において活動する上で、その社会的評価の低下毀損は、企業の円滑な運営に支障をきたすおそれが強いので、その評価の低下毀損につながるおそれがあると客観的に認められる行為については、職場外でされたものであっても、なお広く企業秩序の維持確保のために、これを規制の対象とすることが許される場合もあるといえる……。これを本件についてみるに、前記のように、被告が大手の貨物自動車運送事業者であり、原告が被告のセールスドライバーであったことからすれば、被告は、交通事故の防止に努力し、事故につながりやすい飲酒・酒気帯び運転等の違反行為に対しては厳正に対処すべきことが求められる立場にあるといえる。したがっ

て、このような違反行為があれば、社会から厳しい批判を受け、これが直ちに被告の社会的評価の低下に結びつき、企業の円滑な運営に支障をきたすおそれがあり、これは事故を発生させたり報道された場合、行為の反復継続等の場合に限らないといえる。このような被告の立場からすれば、所属のドライバーにつき、業務の内外を問うことなく、飲酒・酒気帯び運転に対して、懲戒解雇という最も重い処分をもって臨むという被告の就業規則の規定は、被告が社会において率先して交通事故の防止に努力するという企業姿勢を示すために必要なものとして肯定され得るものということができる。

　そうすると、原告の上記違反行為をもって懲戒解雇とすることも、やむを得ないとして適法とされるというべきである。」

　「退職金は、功労報償的な性格をも有することは否定できないが、他方、労働の対償である賃金の後払いとしての性格を有することは否定する余地がない。したがって、企業が、その功労報償的な性格を強調して、企業秩序維持や経営上の必要性から一方的、恣意的に退職金請求権を剥奪したりできるわけではないというべきである。

　……このような見地からは、……退職金不支給とする定めは、退職する従業員に長年の勤続の功労を全く失わせる程度の著しい背信的な事由が存在する場合に限り、退職金が支給されない趣旨と解すべきであり、その限度において適法というべきである。これを本件についてみると、原告は、大手運送業者の被告に長年にわたり勤続するセールスドライバーでありながら、業務終了後の飲酒により自家用車を運転中、酒気帯び運転で検挙されたこと、この行為は、平成17年4月当時は一審の口頭弁論終結時ほどは飲酒運転に対する社会の目が厳しくなかったとはいえ、なお社会から厳しい評価を受けるものであったこと、原告は処分をおそれて検挙の事実を直ちに被告に報告しなかったこと（原告本人）、その挙げ句、検挙の4か月半後の同年9月5日、運転記録証明の取得により原告の酒気帯び運転事実が発覚したことなどからすると、その情状はよいとはいえず、……懲戒解雇はやむを得ないというべきである。しかしながら他方、原告は他に超過処分を受けた経歴はうかがわれないこと、この時も酒気帯び運転の罪で罰金刑を受けたのみで、事故は起こしていないこと、反省文……等から反省の

様子も看て取れないわけではないことなどを考慮すると、上記原告の行為
は、長年の勤続の功労を全く失わせる程度の著しい背信的な事由とまでは
いえないというべきである。したがって、就業規則の規定にかかわらず、
原告は退職金請求権の一部を失わないと解される。

　そこで原告に支給されるべき退職金の額であるが、上記……のとおり、
退職金が、功労報償的な性格と賃金の後払いとしての性格を併有すること、
被告の退職金規程においても同様であること、その他上記……で検討した
点や原告の勤続期間その他一切事情を考慮すると、少なくとも原告が受給
し得たはずの962万185円の約3分の1である320万円を下ることはないと
いうべきである。」

32　東京メトロ（諭旨解雇・本訴）事件　東京地判平27.12.5　労判 1133-5

事案概要

　「原告は、被告との間で、本件契約を締結し、平成19年4月1日、被告の
正社員として被告に入社し、平成23年からは、甲駅の駅係員として勤務し
た。

　原告は、平成25年○月○日……乙駅から丙駅方面に向かうD線に乗車し
たところ、原告は、同電車の車内において、少なくとも5ないし6分の間、
当時14歳の被害女性の右臀部付近及び左大腿部付近を着衣の上から左手で
触るなどした（本件行為）。

　……原告は、平成26年2月20日、本件行為に関し、本件条例……違反の
被疑事実によって略式命令を請求され、同月、罰金20万円の略式命令（本
件略式命令）を受けた。

　……原告は、平成26年3月6日、本件略式命令に係る罰金を納付した。
これにより、本件略式命令は確定した。

　……被告の人事部は、平成26年4月23日、懲戒委員会に本件行為を付託
した。同委員会は同月25日に開催され、同委員会は、原告の本件行為に関
し、原告を諭旨解雇処分にする旨を決定した。これを受けて、被告は、原
告に対し、同日、本件処分を通知した。

　原告は、被告から、本件処分の以前に、懲戒処分を受けたことはなかった。また、原告の被告における勤務態度に問題はなかった。

　被告を始め、他の鉄道会社も、本件行為の当時、痴漢行為の撲滅に向けた取組を積極的に行っていた。」

判決要旨

　「……従業員の私生活上の非行であっても、会社の企業秩序に直接の関連を有するもの及び企業の社会的評価の毀損をもたらすと客観的に認められるものについては、企業秩序維持のための懲戒の対象となり得るものというべきである。

　上記……において認定したとおり、被告は、他の鉄道会社と同様、本件行為の当時、痴漢行為の撲滅に向けた取組を積極的に行っており、また、原告は、原告が本件行為を行った当時、被告の駅係員として勤務していたというのである。これらの点に照らせば、本件行為は、被告の企業秩序に直接の関連を有するものであり、かつ、被告の社会的評価の毀損をもたらすものというべきである。したがって、本件行為は、被告における懲戒の対象となるべきものというべきである。」

　「……本件行為の内容は、態様等に加え、本件行為に対する処罰の根拠規定である本件条例……が定める法定刑が6月以下の懲役または50万円以下の罰金……をも併せ考えれば、……本件行為は、上記規定による処罰の対象となり得る行為の中でも、悪質性の比較的低い行為であるというべきである。

　……鉄道会社である被告は他の鉄道会社とともに本件行為の当時に痴漢行為の撲滅に向けた取組を積極的に行っていたというのである。この点にかんがみれば、一般的には、本件行為が被告の企業秩序に与える悪影響の程度は、鉄道会社以外の会社の社員が痴漢行為を行った場合に当該行為が当該会社に与える悪影響の程度に比べれば、一般的には大きくなり得るものと考える。

　しかるに、……本件行為ないし本件行為に係る刑事手続についてマスコミによる報道がされたことはなく、その他本件行為が社会的に周知されることはなかったというのである。また、本件記録に照らしても、本件行為

に関し、被告が被告の社外から苦情を受けたといった事実を認めるに足りる証拠も見当たらない。

　以上にかんがみれば、本件行為が被告の企業秩序に対して与えた具体的な悪影響の程度は、大きなものではなかったというべきである。

　さらには、……原告の被告における勤務態度に問題はなく、また、原告は被告から本件処分の以前に懲戒処分を受けたことはなかったというのである。また……被害女性との間で示談を成立させようと試みたが、被害女性の母親が上記示談に反対したこともあり上記示談は成立に至らなかったというのである。

　以上を合わせ考えれば、上述の、被告が他の鉄道会社とともに本件行為の当時に痴漢行為の撲滅に向けた取組を積極的に行っていた、原告が本件事故の当時駅係員として勤務していた、といった各点を考慮しても、なお、本件行為に係る懲戒処分として、論旨解雇という原告の被告における身分を失わせる処分をもって臨むことは、重きに失すると言わざるを得ない。」

33　マンナ運輸事件　京都地判平24.7.13　労判1058-21

事案概要

　原告は被告会社に対し、4回にわたって兼業の申請をしたものの、いずれも不許可とされた。

　特に最初の申請（第1申請）は午前8時30分から午後0時までの構内仕分け作業のアルバイトであったが、被告会社は、原告が被告会社ですでに時間外労働をしており、長時間労働となることから、それ以上の他企業での労働は承認できないと回答した。

　そこで原告は他の申請の不許可も含めて損害賠償請求を提訴した。

判決要旨

　まずアルバイト就労の許可制について、「労働者は、雇用契約の締結によって一日のうち一定の限られた勤務時間のみ使用者に対して労務提供の義務を負担し、その義務の履行過程においては使用者の支配に服するが、雇用契約及びこれに基づく労務の提供を離れて使用者の一般的な支配に服

するものではない。労働者は、勤務時間以外の時間については、事業場の外で自由に利用することができるのであり、使用者は、労働者が他の会社で就労（兼業）するために当該時間を利用することを、原則として許されなければならない。

　もっとも、労働者が兼業することによって、労働者の使用者に対する労務の提供が不能又は不完全になるような事態が生じたり、使用者の企業秘密が漏洩するなど経営秩序を乱す事態が生じることもあり得るから、このような場合においてのみ、例外的に就業規則をもって兼業を禁止することが許されるものと解するのが相当である。

　そして、労働者が提供すべき労務の内容や企業秘密の機密性等について熟知する使用者が、労働者が行おうとする兼業によって上記のような事態が生じ得るか否かを判断することには合理性があるから、使用者がその合理的判断を行うために、労働者に事前に兼業の許可を申請させ、その内容を具体的に検討して使用者がその許可を判断するという許可制を就業規則で定めることも、許されるものと解するのが相当である。ただし、兼業を許可するか否かは、上記の兼業を制限する趣旨に従って判断すべきものであって、使用者の恣意的な判断を許すものではないほか、兼業によっても使用者の経営秩序に影響がなく、労働者の使用者に対する労務提供に格別支障がないような場合には、当然兼業を許可すべき義務を負うものというべきである。」

　第 1 申請について、「被告における原告の担当業務は、大型トラックの運転であり、適切な休息時間が確保できないまま被告における業務に従事した場合には、疲労や寝不足のために交通事故等を起こし、被告の業務に重大な支障が生じるのみならず第三者にも多大な迷惑をかけることになるものであるから、適切な休息時間の確保は、原告の労務提供にとって極めて重要な事項である。そして、本件告示が勤務時間終了後継続 8 時間以上の休息期間を与えることを定めていることに照らすと、本件許可基準において、兼業終了後被告への労務提供開始までの休息時間が 6 時間を切る場合に不許可とする旨定めていることには合理性がある。

　そうすると、被告が原告の第 1 申請を不許可としたことには、合理性がある。」

34　三菱樹脂本採用拒否事件　最判昭48.12.12　労判189-16

事案概要

　被上告人は上告人会社の採用面接の際に、上告人から学生運動の経験の有無を問われて、「無し」と答えた。

　しかしながら、その後、上告人会社は被上告人の試用期間中に、学生時代の生活を調査したところ、デモ行進に参加する等の学生運動を行っていたことが判明した。

　そこで、上告人会社は被上告人を管理職要員として採用したのであって、虚偽の事実の申告や、過激な集団に所属して反社会的活動を行う者は、その思想、信条のいかんにかかわらず、会社の管理職要員として不適格との理由で、本採用を拒否した。

判決要旨

　「憲法は、……財産権の行使、営業その他広く経済活動の自由をも保障している。それゆえ企業は、かような経済活動の一環としてする契約締結の自由を有し、自己の営業のために労働者を雇用するにあたり、いかなる者を雇い入れるか、いかなる条件でこれを雇うかについて、法律その他による特別の制限がない限り、原則として自由に決定することができ、特定の思想、信条を拒んでも、当然に違法とすることはできない。

　労基法３条は労働者の信条によって賃金その他の労働条件につき差別することは禁じているが、これは雇入れ後における労働条件についての制限であって……企業が雇用する自由を有す以上……労働者の採否決定にあたり、労働者の思想、信条を調査しこれに関連する事項について申告を求めることも違法行為とすべき理由はない。」

35　B金融公庫（B型肝炎ウイルス感染検査）事件　東京地判平 15.6.20　労判854-5

事案概要

　被告会社は原告が採用試験を受験する過程において、原告の同意なく秘密裏にB型肝炎ウイルス感染の有無、ウイルス量及び感染力等を判定するための検査を行った。これはプライバシー権を侵害する不法行為となるか。

判決要旨

　「……平成9年当時、B型肝炎ウイルスの感染経路や労働能力との関係について、社会的な誤解や偏見が存在し、特に求職や就労の機会に感染者に対する誤った対応が行われることがあったことが認められるところ、このような状況下では、B型肝炎ウイルスが血液中に常在するキャリアであることは、他人にみだりに知られたくない情報であるというべきであるから、本人の同意なしにその情報を取得されない権利は、プライバシー権として保護されるべきであるということができる。

　他方、企業には、経済活動の自由の一環として、その営業のために労働者を雇用する採用の自由が保障されているから、採否の判断の資料を得るために、応募者に対する調査を行う自由が保障されているといえる。そして、労働契約は労働者に対し一定の労務提供を求めるものであるから、企業が、採用にあたり、労務提供を行い得る一定の身体的条件、能力を有するかを確認する目的で、応募者に対する健康診断を行うことは、予定される労務提供の内容に応じて、その必要性を肯定できるというべきである。」

　「……B型肝炎ウイルス感染についての情報保護の要請と、企業の採用選考における調査の自由を、前記……で認定したB型肝炎ウイルスの感染経路及び労働能力との関係に照らし考察すると、特段の事情のない限り、企業が、採用にあたり応募者の能力や適性を判断する目的で、B型肝炎ウイルス感染について調査する必要性は、認められないというべきである。……企業が採用選考において前記調査を行うことができるのは、応募者本人に対し、その目的や必要性について事前に告知し、同意を得た場合に限られるというべきである。

　以上をまとめると、企業は特段の事情がない限り、採用に当たり、応募者に対し、Ｂ型肝炎ウイルス感染の血液検査を実施して感染の有無についての情報を取得するための調査を行ってはならず、調査の必要性が存在する場合でも、応募者本人に対し、その目的や必要性について告知し、同意を得た場合でなければ、Ｂ型肝炎ウイルス感染についての情報を取得することは、できないというべきである。」

転勤命令拒否

36　NTT東日本（北海道・配転）事件　札幌地判平18.9.29　労判928-37

事案概要

〈原告Aについて〉

　原告Aは札幌116センタを希望し、希望通り、同センタのフロント担当勤務を行い、その際、社内システムであるCUSTOMというシステムを操作し、業務を行っていた。

　その後、原告Aは苫小牧営業支店法人営業担当への配置転換（本件配転）を命じられた。苫小牧営業支店ではAM（アカウントマネージャー。法人への販売担当者）が顧客から受注した被告の商品や通信回線の各種サービスにつき、物品管理システムを使って商品を顧客へ発送したり、顧客から電話回線の申込等の注文を受けた際、CUSTOMを操作して工事部門への工事手配等を行う秘書サポートの業務を担当することとなった。

〈原告Bについて〉

　原告Bは苫小牧支店で就労していた後、札幌116センタに配転となったが、両親の介護があるので遠距離通勤を選択していた。

　さらにその後、東京都に所在するNWソリューションセンタSO推進担当への配転（本件配転）を命じられた。

判決要旨

〈業務上の必要性（共通）〉

　「本件において、勤務地、職種の限定の合意等が認められないとしても、配転、特に転居を伴う配転は、労働者の生活関係に影響を与えるから、使用者による配転命令が無制約に許されることにはならない。

　そこで、当該配転命令につき業務上の必要性が存しない場合又は業務上の必要性が存する場合であっても、当該配転命令が他の不当な動機、目的をもってされたものであるとき若しくは労働者に対し通常甘受すべき程度

を著しく越える不利益を負わせるものであるとき等、特段の事情の存する
場合、当該配転命令は、権利の濫用となる。そして、業務上の必要性は、
当該配転先への配転が余人をもって容易に替え難いといった高度の必要性
に限定されず、労働力の適正配置、業務の能率増進、労働者の能力開発、
勤務意欲の高揚、業務運営の円滑化等の使用者の合理的運営に寄与する点
があれば、認められると解される。

　上記の業務上の必要性等は、労働者ごとに異なるものであるから、原告
らについても、個別に判断する必要がある。」

〈原告Aについて〉

　業務上の必要性について、「確かに、原告Aは、本件配転前は札幌116セン
タでCUSTOMを用いて仕事をしていたが、同センタでのCUSTOMを使っ
た業務は、主に個人を顧客とするものであったのに対し、苫小牧営業支店
では法人を顧客としており原告AがCUSTOMに精通していたとまではい
えないこと、被告の従業員であるAMに対する対応につき、販売経験とい
う顧客への対応経験が特別に必要であるとは考えられず、また、販売経験
に限らず、広く接客の経験があれば、顧客への対応を十分に行えると考え
られること。販売経験が必要とされたのは、販売担当者であるAMの行動
が理解でき、AMとのコミュニケーションが取りやすいことから販売経験
を有することが最良であるとされただけであり、平成13年から平成14年に
かけて同支店で秘書サポート業務に従事していた従業員について販売経験
があることは格別重要視されていなかった旨の被告従業員である証人Cの
証言を加えて考えれば、原告Aを同支店に配転したことは労働力の適正配
置であったと認めることはできない。

　また、原告Aは、CUSTOMに精通しておらず、原告Aを苫小牧に配転し
たことにより業務の能率が増進したり、業務運営が円滑化したとは認めら
れない。さらに原告Aの勤務意欲の高揚といった被告の合理的運営に寄与
する点も認められない。

　これらのことからすれば、原告Aにつき、本件配転の業務上の必要性は
認められない。」

〈原告Bについて〉

　業務上の必要性について（NWソリューションセンタ）、「原告Bは、SO業務に従事し、そのレベルは、独力で業務が遂行できるレベルであったこと、原告Bは、……面談の自己申告書において、NWソリューションセンタでの仕事につき「合っている仕事」と述べていたことからすれば、NWソリューションセンタでの業務は原告Bのスキルと適合していたことが認められ、労働力が適正に配置されていたといえ、本件配転に業務上の必要性があったと認められる。」

　不利益性について「……原告Bの父は、身体障害者等級1級、要介護3の身体障害を持っていること、母も足の障害を持っており、父を肉体的に支えることは困難であったこと等からすれば、本件配転当時、原告Bの両親について介護の必要性が存在していたことは明らかである。

　……原告Bの妻や妹らが介護していたのは、原告Bが日中は仕事をしていて自ら介護ができなかったためと考えられ、このことにより両親の介護の必要性がなくなることにはならない。

　……原告Bは、長男で、家族の中でいわゆる男手として頼られる存在であると認められることからすれば、原告Bによる精神的援助も介護の一環として認められる……。

　以上を総合して考えるに、NWソリューションセンタへの配転には業務上の必要性は認められるものの、……配転障害事由としての介護の必要性は大きく、NWソリューションセンタへの配転においても、労働者が通常甘受すべき程度を著しく超える不利益を負わせるものであり、被告としては原告Bを、両親の介護をしやすい苫小牧へ配転させること等を配慮すべきであった（育児介護休業法26条参照）といえる……。」

時季変更権行使

37　時事通信社事件　最判平4.6.23　労判613-6

事案の概要

　上告会社はニュースの提供を主たる業務目的とする通信社であり、被上告人は主に原子力関係を担当する記者であった。

　被上告人は40日間の年次有給休暇を有していたため、海外旅行（欧州の原子力発電問題の取材等目的）をすべく、所定の休日等を除き連続24日間の有給休暇を時期指定した。

　これに対し、上告会社は12日間の取得は認めたが、その余の12日間については時季変更権を行使した。

　その後、被上告人が加入する労働組合と上告会社は団体交渉を行ったものの、妥協点を見いだせなかったところ、被上告人は本件時季変更権の行使を無視して、結局、予定通り、海外旅行に行ったため、上告会社は被上告人の業務命令違反を理由としてけん責処分とした。

　そこで、当該けん責処分の前提となる本件時季変更権の行使の有効性が問題となった。

判決の要旨

　「労働者が長期かつ連続の年次有給休暇を取得しようとする場合においては、それが長期のものであればあるほど、使用者において代替勤務者を確保することの困難さが増大するなど事案の正常な運営に支障を来す蓋然性が高くなり、使用者の業務計画、他の労働者の休暇予定等との事前の調整を図る必要が生ずるのが通常である。しかも、使用者にとっては労働者が時期指定をした時点において、その長期休暇期間中の当該労働者の所属する事業場において予想される業務量の程度、代替勤務者確保の可能性の有無、同じ時季に休暇を指定する他の労働者の人数等の事業活動の正常な運営の確保にかかわる諸般の事情について、これを正確に予測することは困難であり、当該労働者の休暇の取得がもたらす事業運営への支障の有無、程度につき、蓋然性に基づく判断をせざるを得ないことを考えると、労働

者が、右の調整を経ることなく、その有する年次有給休暇の日数の範囲内で始期と終期を特定して長期かつ連続の年次有給休暇の時季指定をした場合には、これに対する使用者の時季変更権の行使については、右休暇が事業運営にどのような支障をもたらすか、右休暇の時期、期間につきどの程度の修正、変更を行うかに関し、使用者にある程度の裁量的判断の余地を認めざるを得ない。もとより、使用者の時季変更権の行使に関する右裁量的判断は、労働者の年次有給休暇の権利を保障している労働基準法39条の趣旨に沿う、合理的なものでなければならないのであって、右裁量的判断が、同条の趣旨に反し、使用者が労働者に休暇を取得させるための状況に応じた配慮を欠くなど不合理であると認められるときは、同条5項ただし書所定の時季変更権行使の要件を欠くものとして、その行使を違法と判断すべきである。

　右の見地に立って、本件を見るのに、……被上告人は……科学技術記者クラブに単独配置されており、担当すべき分野は、多方面にわたる科学技術に関するものであり、……ある程度の専門知識が必要であり、……社会部の中から被上告人の担当職務を支障なく代替し得る勤務者を見いだし、長期にわたってこれを確保することは相当に困難である。……被上告人は、右休暇の時期及び期間について、上告会社との十分な調整を経ないで本件休暇の時季指定を行った。……上告会社……は、被上告人の本件年次有給休暇の時季指定に対し、1箇月も専門記者が不在では取材報道に支障をきたすおそれがあり、代替記者を配置する人員の余裕もないとの理由を挙げて、被上告人に対し、2週間ずつ2回に分けて休暇を取ってほしいと回答した上で、本件時季指定に係る……休暇のうち、後半部分……についてのみ時季変更権を行使しており、当時の状況の下で、被上告人の本件時季指定に対する相当の配慮をしている。

　……上告会社が、被上告人に対し、本件時季指定どおりの長期にわたる年次有給休暇を与えることが「事業の正常な運営を妨げる場合」に該当するとして、その休暇の一部について本件時季変更権を行使したことは、その裁量的判断が、労働基準法39条の趣旨に反する不合理なものであるといえず、同条5項ただし書所定の要件を充足するものというべきであるから、これを適法なものと解するのが相当である。」

著者紹介
石嵜・山中総合法律事務所
弁護士　江畠 健彦（えばた たけひこ）

【略歴】
平成10年３月　早稲田大学政治経済学部卒業
平成15年11月　司法試験合格
平成17年10月　弁護士登録
　　　　　　　石嵜信憲法律事務所（現 石嵜・山中総合法律事
　　　　　　　務所）入所
平成27年１月　パートナー就任

企業の労務相談、労基署対応、訴訟、不当労働行為事件等、使
用者側として労働問題全般を手がける。
公開・企業内等の各種セミナーの講師としても活動。

【著書・論文等】
『労働時間規制の法律実務』（中央経済社・共著）
『個別労使紛争解決の法律実務』（中央経済社・共著）
『Ｑ＆Ａ　人事労務規程変更マニュアル』（新日本法規出版・共著）
『Ｑ＆Ａで納得！　労働問題解決のために読む本』（日本労務研究
　会・共著）　ほか

問題社員のリスクと実務対応
－裁判例による法的検討と対応策－

令和３年５月12日　初版発行

著　者　江畠 健彦
発行人　藤澤 直明
発行所　労働調査会
　　　　〒170-0004 東京都豊島区北大塚２−４−５
　　　　TEL 03-3915-6401 （代表）
　　　　FAX 03-3918-8618
　　　　http://www.chosakai.co.jp
　　　　©Takehiko Ebata
　　　　ISBN978-4-86319-853-1 C2032